진실한 사과는 우리를 춤추게 한다

《칭찬은 고래도 춤추게 한다》의 저자가 들려주는 두 번째 이야기

진실한 사과는
우리를 춤추게 한다

켄 블랜차드 외 지음 | 조천제 옮김

21세기북스

사람과 사람 사이를 이어주는 사과 한마디

우리나라 사람들은 자신의 감정 표현에 많이 서툴다. 상대방에게 하고 싶은 말이 있어도 어떻게 말을 꺼내야 할지 몰라서, 혹은 말하고 나서 쑥스러울 것을 미리 걱정하여 벙어리 냉가슴을 앓는 경우가 많다. 특히 자신이 무언가를 잘못해서 사과해야 할 상황이라면 자존심까지 생각하면서 더욱 머뭇거리기 쉽다.

사회적인 차원에서 보자면 정치인들이 큰 실수나 잘못을 저지르고도 마지막 순간까지 변명을 하거나, 궁지에 몰렸을 때 어쩔 수 없이 사과를 하는 경우가 많다. 또한 윗사람이 아랫사람에게 실수했을 경우에는 더욱더 사과하기를 두려워한다.

뿐만 아니라 부부 간이나 부모 자식 간에 쥐꼬리만한 자존심 때문에 먼저 사과 한마디를 하지 않아 감정의 골이 더 깊어지고 불신이 싹트는 것을 너무나 많이 보아 왔다. 그러나 사과를 하지 않고 그 순간만 모면한다고 해서 우리의 마음이 편해지는 것은 아니다.

《진실한 사과는 우리를 춤추게 한다》는 사과하기를 어려워하는 우리에게 꼭 필요한 책이다. 이 책은 우리에게는 다소 거리감이 있는 '사과'라는 주제를 가지고 생각할 기회를 주고 있기 때문이다.

《진실한 사과는 우리를 춤추게 한다》의 주인공은 위기에 처한 회사를 구하기 위해 아버지의 친구인 1분 경영자 '알버트 아저씨'를 찾아가게 된다. 알버트 아저씨뿐만 아니라 그의 가족들, 그리고 그의 주변에서 만난 사람들은 '1분 사과'라는 것이 무엇이며, 어떻게 해야 하는 것인지 그 구체적인 방법을 알려주고 있다.

우리는 '사과'라는 것을 매우 어렵게 생각하지만 사실 1분 정도의 시간이면 충분히 마음을 전달할 수 있다. 실제로 사과를 해 보면 1분도 길다고 느껴질 것이다. 그 정도로 '사과'라는 행위 자체는 우리가 생각하는 것보다 훨씬 간단하다. 다만 1분 사과가 행해지기 이전에 우리가 준비해야 할 것들이 있으며, 사과를 한 다음에 행동으로 보여 주어야 할 것들이 있기 때문에 사과가 어렵다고 느껴지는 것이다.

사과하는 데 가장 중요한 것은 스스로 잘못을 시인하는 것과 성실하게 행동하는 것이다. 자기 자신에게, 그리고 상대방에게 솔직하게 모든 것을 털어 놓고 진심으로 사과한 후 성실하게 행동으로써 자신의 잘못을 시정해 간다면 어떤 오해나 반목도 풀릴 수밖에 없다.

이 책의 저자 켄 블랜차드는 우리나라에 《칭찬은 고래도 춤추게 한다》라는 책으로 잘 알려져 있다. 《칭찬은 고래도 춤추게 한다》는 이미 많은 독자들을 통해 우리에게 멀게만 느껴지던 '칭찬'을 한 단계 가까이 끌어왔다고 생각한다. 《진실한 사과는 우리를 춤추게 한다》 또한 그동안 멀게 느껴지던 '사과'

라는 행동을 직장에서, 가정에서 좀더 쉽게 할 수 있도록 도움을 줄 것이라고 생각한다. 진실한 사과 한마디는 사람 사이의 갈등을 너무나도 손쉽게 해소시켜 주고, 어쩌면 끊어질 수도 있었던 인간관계를 더욱 단단하게 연결해 줄 것이다. 또한 내 마음을 짓누르고 있던 부담감까지 속시원하게 덜어낼 수 있을 것이다.

2004년 11월

조 천 제

《진실한 사과는 우리를 춤추게 한다》는 요즘 같은 격변의 시대에, 신문지상에 자주 오르내리는 실수를 저지른 한 기업 총수의 이야기다. 똑똑하고 잘나간다는 기업가들이 순간의 실수로 방향을 잘못 잡아 나락으로 떨어지는 실패담을 보고 있자면 때론 어떻게 그렇게 몰락할 수 있는지 궁금해지기까지 한다. 하지만 실수를 저지르고서도 진심으로 사과하여 상대방의 이해를 얻고 납득시키는 사람은 거의 없다. 오히려 발뺌하려 하고 사과하지 않아 결국 스스로를 더 극한 상황으로 몰고 가는 경우가 대부분이다.

이러한 기업가들의 이야기를 통해 우리는 잘못을 고치지 않으면 점점 더 깊은 수렁에 빠지게 된다는 것을 알 수 있다. 하지만 우리들 중에서 내겐 절대로 이와 같은 상황이 벌어지지 않을 거라고 장담할 수 있는 사람이 과연 몇이나 될까? 물론 기업 총수들만큼 사회적으로 지위가 높지 않아 그들만큼 엄청난 파장을 가져올 실수는 저지르지 않겠지만 우리도 모두 어쩔 수 없이 실수를 저지르는 사람이 아닌가.

이 책에 나오는 이야기를 통해 우리는 직장생활이나 일상생활에서 잘못을 저질렀을 때 어떻게 처신해야 하는지, 어떻게 사과해야 피해를 입은 상대방에게 용서를 구할 수 있으며, 심지어 이런 상황을 어떻게 바꾸어 오히려 긍정적인 계기가 될 수 있게 하는지, 그 비결을 배우게 될 것이다.

실수를 저지르면 당연히 그 실수를 인정해야 한다. 잘못을 시인하고 바로잡으려는 상식과 지혜, 용기야말로 가장 강력한 힘을 발휘하는 무기이니까.

켄 블랜차드와 마가렛 맥브라이드는 진정한 사과의 의미를 깨달은 한 젊은이의 눈을 통해 어떻게 실수를 성공적으로 바로잡을지 가르쳐준다.

제1장에서 우리는 곤경에 처한 한 사장을 보게 된다. 사장을 돕기 위해 알버트 아저씨의 별장으로 찾아간 젊은이는 그곳에서 한 가지 중요한 사실을 깨닫게 된다.

젊은이의 여정을 따라가다 보면 독자 여러분도 어느새 가정에서, 직장생활에서 어떻게 '1분 사과'를 실행할지 깨닫게 될 것이다.

만약 우리 사회 지도자들이 '1분 사과'를 몸소 실행한다면 아마도 놀라운 사회적 변혁을 이룰 수 있지 않을까? 세상은 지금보다 훨씬 살기 좋아질 것이다. 하지만 왜 지도층에서 먼저 하기를 기다리는가? 우리부터 먼저 '1분 사과'를 시작해 보자. 놀라운 변화를 체험하게 될 것이다.

'1분 사과'는 단순한 처세술이 아니다. 그럴싸한 말만 늘어놓는 '사과'도 아니다. '1분 사과'는 보다 성공적인 삶을 살 수 있는 유용한 비법이다. 이 책을 통해 내가 그러했듯 독자 여러분도 많은 도움을 얻기 바란다.

스펜서 존슨

| 차례 |

제1장
젊은이,
위기에 처하다

여행

＊

한 젊은이가 인생을 바꿀 만한 일생일대의 여행을 시작한
다. 회사가 중대한 위기에 처하자 그 해결책을 얻기 위해 떠
나는 여행이다. 하지만 그 여행에서 삶을 바꾸어줄 비법을 발
견할 줄이야. 아는 사람은 적지만 깨닫기만 하면 많은 사람이
가치 있게 생각하는 삶의 열쇠를 말이다.

사장

＊

　다음 주 월요일이 마침 공휴일이라 주말부터 시작되는 사흘이란 황금휴가를 눈앞에 둔 금요일. 긴급 이사회 회의가 소집되었다. 기다란 테이블이 놓인 회의실 안에는 연단에 선 사장이 사안의 본질이 무엇인가를 두고 열변을 토하고 있었다.

　처음에는 자신감 있게 의견을 피력하던 사장은 이사회의 날카로운 질문공세가 시작되자 차츰 당황하는 기색이 역력했다.

　"도대체 이 문제를 얼마나 오랫동안 방치해 둔 겁니까?" "처음 발견한 때가 대체 언제입니까?" "왜 지금까지 아무런 행동도 취하지 않았죠?" "상황이 이렇게 될 줄 예상도 못했다는 말씀이신가요?"

이사회의 질문이 쏟아졌다.

사장은 자신의 책임이 아니라며 극구 자기 방어에 급급하더니 어느새 공격적인 언사로 변했다. 그것이 결국 사장 자신을 궁지에 몰아넣고 있었다. 이사들은 평소의 사장답지 않은 낯선 모습에 어안이 벙벙할 뿐이었다.

사장이 말을 마치자 모두가 할 말을 잃은 듯 회의실 전체가 쥐 죽은 듯 조용해졌다. 모두 방금 일어난 일을 믿을 수가 없다는 표정이었다.

젊은이

✻

사장의 요청으로 비서실장인 젊은이도 회의실에 앉아 있었다. 화를 내는 사장의 모습에 놀란 것은 젊은이도 마찬가지였다. 사실 그는 오랫동안 사장을 존경해 왔던 터라 사장이 오늘 보인 모습에 큰 충격을 받았다. 경영대학원을 막 졸업한 그의 재능을 인정해 주고 기회를 준 사람이 바로 사장이었다.

'이게 도대체 어찌 된 일이야?' 젊은이는 눈앞에 벌어진 일을 믿을 수가 없었다.

'이러다간 회사가 망하는 게 아닐까?'

막연한 불안감에 가슴이 옥죄이는 것을 느끼며 젊은이는

'어떻게 회사를 살릴 수 있을까?' 라고 자문했다. 사장이 태도를 바꾸지 않는다면 이사회가 회사의 회생을 포기할 것이고 그러면 당장 직원들이 거리에 나앉을 판이었다. 사장의 말 한마디에 회사의 운명이 달렸다고 해도 과언이 아니었다.

냉랭한 회의실의 적막을 깨고 이사회 의장의 목소리가 들려왔다.

"변명과 자기 정당화는 그것으로 충분합니다. 하지만 솔직히 공감이 안 가는군요. 당장 이 문제를 해결하지 못하면 회사의 신용도가 크게 추락할 것이고 주가도 큰 타격을 입게 될 것입니다."

의장은 잠시 침묵하더니 다시 말문을 열었다.

"휴가가 끝나는 화요일 아침에 회의를 속개하겠습니다. 그때까지 앞으로 회사를 어떻게 운영할지 곰곰이 생각해 보십시오. 믿을 만한 해결책이 나오지 않으면 사장단 교체도 불사하겠습니다."

의장이 휴회를 선언하였다.

사장은 의장의 발언에 큰 충격을 받은 듯 자리에서 일어서

다 잠시 휘청거렸다. 놀란 젊은이는 황급히 사장을 부축하며 회의실 문을 나왔다.

　사장은 현관 앞에 대기하고 있던 차에 올랐다. 그런 다음, 젊은이에게 타라고 손짓했다. 젊은이가 차에 오르자 사장이 말했다.

　"주말에 자넬 급하게 찾을 일이 있을지도 모르겠네. 어디에 있을지 내 핸드폰에 음성 메시지를 남겨주게……. 아, 그리고 가능하다면 월요일 오전 7시까지 회사로 좀 와주게. 화요일 회의를 준비해야 할 것 같으니까."

차에서 내린 젊은이는 시원스레 속력을 내며 멀어져가는 차를 바라보며 두려움이 엄습하는 것을 느꼈다.

젊은이는 사장이 큰 실수를 저질렀다는 사실을 직감하고 있었다. 이사들 모두 그 사실을 알고 있었으나 사장만은 자신의 실수를 깨닫지 못하는 것 같았다. 그래서 젊은이의 마음은 답답하기만 했다.

'어떻게 사장님을 도울 수 있을까?'

사무실로 돌아온 젊은이는 상황을 곰곰이 따져보았다.

'화요일 아침 이사회 회의에서 사장님이 뭐라고 말하면 좋을까? 어떻게 하면 사장단 교체라는 최악의 상황을 피할 수 있을까? 사장님을 도울 해결책은 뭘까? 과연 그것을 어디서 찾을 수 있을까?'

아무리 생각해도 해답이 나오지 않았다. 한참을 고민하던 젊은이에게 불현듯 돌아가신 아버지의 말씀이 떠올랐다.

"도움이 필요하면 언제든지 내 친구 '알버트'를 찾아가거라. '1분 경영자'로 나를 도와주었던 알버트는 네가 어려울 때 반드시 널 도와줄 거야."

젊은이는 즉시 알버트 아저씨의 사무실에 전화를 걸었다. 하지만 전화를 받은 직원은 알버트 아저씨가 호숫가 별장에서 아내 캐럴과 딸 애니, 아들 브래드와 함께 휴가를 보내고 있다고 말했다. 직원의 말을 들으며 젊은이는 불쑥 여름마다 부모님과 함께 알버트 아저씨의 별장에 놀러 갔던 어린 시절의 행복한 기억이 아련히 되살아났다. 사실 브래드, 애니와는 친형제, 친남매만큼이나 가깝게 지냈는데 못 본 지가 벌써 5년이 넘었다.

젊은이는 다시 직원이 알려준 알버트 아저씨의 핸드폰으로 전화를 걸었다. 그러나 아무도 받지 않았다. 그는 핸드폰에 짧게 자신의 상황을 설명한 후 "늦어도 월요일까지는 전문가의 조언이 필요합니다. 하지만 아저씨의 소중한 휴가를 망치고 싶진 않네요. 아쉽지만 도와주시지 않아도 괜찮습니다. 충분히 이해합니다"라는 메시지를 남긴 후 전화를 끊었다.

알버트 아저씨와 1분 사과

✳

　그날 저녁 젊은이의 아파트에 전화벨이 울렸다. 젊은이가 수화기를 들자마자, 알버트 아저씨의 활기찬 목소리가 들려왔다.

　"당연히 자넬 도와야지. 마침 특효약이 한 가지 있네. 이건 다른 사람에게도 많이 가르쳐 준 방법인데, 이 방법을 제대로만 사용하면 문제를 해결하는 데 한결 수월할 거야. '1분 사과'라는 것인데 상황을 듣고 보니 자네 사장에게도 이 처방이 필요할 것 같군."

　"'1분 사과'요?"

젊은이가 잘 이해가 안 된다는 듯이 물었다.

"전화로 일일이 설명할 수가 없구나. 이곳으로 놀러 오너라. 아마 새로운 관점으로 문제를 바라볼 수 있게 될 거야. 마침 오늘 7시 30분에 출발하는 비행기가 있다더구나. 그걸 타고 오너라. 브래드에게 공항으로 마중 나가라고 이야기해 둘 테니. 아까 메시지를 받고 자네 얘기를 했더니 아이들도 무척 보고 싶어해. 아, 골프채 가져오는 것도 잊지 말게나. 해결책을 찾으면서 시원하게 골프 한 게임 하는 것도 괜찮을 거야."

젊은이는 일단 별장에 가기로 마음먹었다. 그러자 마음이 한결 가벼워졌다.

전화 건너편에서 알버트 아저씨의 목소리가 다시 들려왔다.

"자네 '1분 사과'가 무엇이라고 생각하나? 오는 길에 한번 생각해 보게."

사과할 때
  가장 힘든 일은
자신이 틀렸음을 깨닫고
  스스로 인정하는 것이다.

제2장

'1분 사과'란?

진실을 직시한다

✳

공항으로 향하면서 젊은이는 사장의 핸드폰에 메시지를 남겼다. 월요일 아침 일찍 출근하겠다는 말과 함께 자신의 연락처를 남긴 후 전화를 끊었다. 음성 메시지 안내 멘트에 녹음된 사장의 목소리를 들었을 뿐인데도 회사 걱정이 그의 가슴을 깊이 짓눌렀다.

젊은이가 비행기에서 내리자 수하물 수취대에서 기다리던 브래드가 그를 반갑게 맞이했다. 마치 어제도 만난 친구인 양 두 사람은 친숙하게 인사를 나누고 집으로 향했다.

차 안에서도 두 사람의 대화는 끊이지 않았다. 호숫가에 다

다르자 문 밖에서 기다리던 알버트 아저씨와 그의 아내 캐럴 아줌마는 "이게 얼마 만이냐?"며 젊은이를 반갑게 맞았다.

집 안으로 안내된 젊은이는 주위를 한번 둘러보았다. 거실은 예전 모습 그대로 따뜻하고 안락한 분위기였다. 젊은이는 잠시나마 회사 걱정을 잊고 마음이 편안해지는 것을 느꼈다.

알버트 아저씨가 시원한 음료수를 내오자, 네 사람은 오랜만에 이야기꽃을 피웠다. 잠시 후 어느 정도 분위기가 무르익자, 브래드와 캐럴 아줌마는 알버트 아저씨와 젊은이가 이야기를 나눌 수 있도록 자리를 피해 주었다.

알버트 아저씨가 말을 꺼냈다.

"어차피 오래 머무를 수 없을 테니, 바로 본론으로 들어가지. 자넨 이번 주말에 달성하고 싶은 목표가 뭔가?"

"사장님을 어떻게 도울지 조언을 구하는 것입니다. 여기까지 왔으니 골프라도 한번 치고 가면 좋겠지만, 회사일을 생각하니 한가롭게 있을 수가 없네요. 상황이 조금만 나아도 좋았을 텐데. 그때 제가 조금만 잘했어도……."

젊은이의 말에 알버트 아저씨는 그의 등을 툭툭 두드렸다.

"걱정 말게. 잘 해결될 거야. 골프도 충분히 치고 갈 수 있을걸. 하지만 그 전에 먼저 '내가 ~을 했어야 했는데' 혹은 '상황만 좀 좋았어도' 하는 식의 후회하는 말들은 피하자꾸나. 자꾸 이런 말을 하다 보면 문제 자체에 사로잡혀 점점 더 자신감을 잃고 어찌할 바를 모르게 되거든. 과거에 집착하느라 해결책을 찾을 수가 없게 되지. 따라서 솔직하게 자신을 반성하고 성찰해 볼 시간도 가질 수 없게 된단다."

젊은이는 무슨 뜻인지 모르겠다는 표정을 지었다.

"한 가지만 물어보자. 주말 내내 이미 돌이킬 수 없는 상황들을 걱정만 하다 돌아가겠니? 아니면 나중에라도 그때 호숫가에서 좋은 방법을 찾았다며 회고하는 편이 좋겠니?"

"당연히 해결책을 찾는 게 좋죠."

"그렇다면 따라오너라."

알버트 아저씨는 자리에서 일어나더니 젊은이를 데리고 집 밖으로 나갔다. 집 앞에 펼쳐진 잔잔한 호수에는 달빛이 어른거리고 멀리에는 은은한 달빛을 받은 소나무와 언덕이 희미하게 보였다. 호수 저편 오두막에서는 불빛이 깜빡이고 있었다.

두 사람은 호숫가 벤치에 자리를 잡았다.

"본론에 들어가기 전에 자네에게 꼭 해 주고 싶은 말이 있어. 자넨 사장에게 음성 메시지를 남겼다고 했지? 그 말이 내 뇌리를 떠나지 않는구나. 왜 그런지 아니?"

"모르겠는데요."

"자넨 훌륭한 사장 밑에서 일하고 있다고 했지? 그리고 회사가 큰 어려움에 처했기 때문에 어떤 식으로든 돕고 싶다고 했어. 사실 그런 말은 아무나 할 수 있는 게 아니야. 대부분의 사람들은 내 코가 석 자라며 어려움에 처해 있는 사람을 돕기보다는 오히려 자신에게 불똥이 튀지 않을까 걱정하기에 급급하지. 배가 난파하면 일단 배에서 뛰어내리고 보는 것과 같은 심리랄까? 그러다가 상황이 나아지면 다시 타고 말이야. 그런데 자넨 다르더군. 자네처럼 자신을 아끼지 않고 회사를 생각하는 사람은 꼭 도와주고 싶어."

"아저씨, 저는 학교를 졸업하고 사장님 덕분에 좋은 취직자리를 얻었습니다. 그리고 사장님은 쉽게 만날 수 없는 훌륭한 인생 선배가 되어주셨죠. 이제 회사가 어려움에 빠져 제 도움이 절실한데 모른 척한다면 도리가 아니죠."

"그래, 훌륭한 태도일세."

"감사합니다. 사실 회사가 잘되면 저도 좋죠. 활력이 넘치는 회사에서 근무하고 싶으니까요. 잘될 희망도 있어요. 왜 갑자기 모든 게 잘못되어 버렸는지 정말 이유를 모르겠습니다. 도대체 어디서부터 손을 대야 할지도 모르겠구요."

젊은이는 회사가 겪고 있는 문제점을 모두 털어놓았다. 이야기를 다 듣고 난 알버트 아저씨가 말했다.

"상황이 그렇게 나쁜 줄은 몰랐구나. 이제야 네가 왜 그렇게 안절부절못하는지 이해가 간다. 적절한 대책을 세우지 못하면 회사가 망하는 것은 시간문제겠어."

아저씨는 잠시 생각에 잠기더니 마침내 말문을 열었다.

"가장 빠른 방법이 있기는 하지. 이게 모두를 위해 사장이 할 수 있는 최선의 방법이 아닌가 싶군."

"전에 통화할 때 말씀하신 '1분 사과'라는 건가요?"

"그래. 제대로만 실행한다면 '1분 사과'야말로 이 상황에 적절히 들어맞는 가장 빠른 특효약이지."

"아저씨, 좀더 자세히 말씀해 주세요"

"지난 20년 동안 나는 경영인이라면 반드시 알아야 할 세 가지 비결이 있다고 믿어왔다네. 1분 동안 목표를 설정하고, 목표를 성취한 직원에게는 상을 주며 그렇지 못한 직원은 꾸중하는 것이지. 이 세 가지 비결을 가르쳐 달라는 강연 요청을 종종 받곤 하지. 그런데 한번은 내 강연을 듣고 있던 한 최고 경영자가 '만약 경영인 자신이 잘못을 저지르면 어떻게 하냐?'는 질문을 하더군. 바로 그때부터 '1분 사과'에 대해 생각하기 시작했어. 요즘에는 '1분 사과'가 내 넷째 비결이라고 말하는 사람들도 있을 정도야. 어쨌든 한 가지 분명한 사실은 잘못을 깨달은 순간 사과해야 한다는 거네."

젊은이는 잠시 고민하는 듯하더니 입을 열었다.

"상황이 그렇게 간단하지 않습니다. 사장님이 심각한 잘못을 저질렀는데 과연 사과한다고 넘어갈 수 있을까요?"

"물론 말뿐인 사과야 의미가 없지."

젊은이는 수첩을 꺼내 알버트 아저씨 말을 메모하기 시작했다.

'1분 사과'의
  진정한 힘은
말에 있지 않다.

"사과한다는 게 생각보다 훨씬 복잡한 일 같아요."

"실수라는 상처가 곪게 되면 다른 사람과의 관계를 크게 악화시킨단다." 알버트 아저씨가 말을 이어갔다.

"다른 것이 아무리 옳아도 사장이 즉시 잘못을 인정하고 구체적인 행동을 보여주지 못한다면 이사회는 더 이상 사장을 신용하지 않을 거야. 그가 공들여 쌓아온 모든 경력과 인간관계가 한순간에 물거품이 되고 말지."

"사과란 단순히 잘못을 바로잡는 데 그치지 않고 사람과 사람 사이의 신뢰를 회복시킬 수 있어야 한다는 말씀이시군요."

"맞아. 그래서 행동의 변화를 구체적으로 보여줘야 해. '1분 사과'에서 중요한 점은 일단 자신이 틀렸다는 것을 인정하고, 겉으로 보이는 증상이 아니라 근본 원인을 고치는 것이야."

"어떻게 단 1분만에 그처럼 많은 일을 다 할 수 있죠?" 젊은 이가 믿어지지 않는다는 듯 물었다.

"물론 사과를 준비하는 데는 오랜 시간이 걸리지. 하지만 사과하는 행위 자체는 1분도 안 걸리기 때문에 '1분 사과'라고 말하는 것일세. '1분 사과'에는 어떤 변명이나 자기비하 혹은 드라마처럼 극적인 반전도 용납될 수 없어. 간결하고 효과적으로 요점을 분명히 전달하는 게 관건이지. 정작 많은 시간이 필요한 건 사과하기 이전이야. 벌거벗은 자신의 모습을 직시하고 솔직하게 자신의 책임을 인정하는 단계를 거쳐야 하거든. 이 과정이 없다면 사과를 해도 별 소용이 없어."

젊은이는 뭔가 깨달았다는 듯이 고개를 주억거렸다.

"자네 사장의 문제도 똑같아. 많은 지도자들이 실패하는 이유는 자신이 잘못했다는 사실을 인정하지 않기 때문이야. 정작 자신의 행동에 책임을 져야 할 사람이 회피하는 꼴이지. 지금 자네 사장은 빠르게 침몰하고 있는 배의 선장과 같아. 게다가 더 큰 문제는 자기 자신뿐 아니라 다른 선원들까지 함께 바닷속으로 끌고 간다는 점이지." 알버트 아저씨가 계속 덧붙였다.

"그 점을 잘 생각해 보렴. 그러면 모든 문제의 근본 원인은 결국 똑같다는 사실을 깨닫게 될 거야. 단지 사건의 이름, 날짜, 장소만 틀릴 뿐이지."

"대체 그 근본 원인이 뭐죠?" 젊은이가 물었다.

모든 문제는
　진실을 피하는 데서
발생한다.

"진실을 대면하려고 하지 않는 점! 이렇게 되면 사안이 무엇이든 문제는 걷잡을 수 없게 돼." 알버트 아저씨가 대답했다.

"그래서 사장님의 문제도 이렇게 커진 것 같아요." 젊은이가 침울하게 말했다.

"처음 사장님을 만났을 때 대쪽같이 곧고 청렴한 분이라고 생각했어요. 늘 진실에 귀를 기울이는 분이셨구요. 하지만 사장님은 성공가도를 달리면서 변하기 시작했어요. 최근에는 자기 스스로 중요한 인물이라는 강박관념에 사로잡혀 진실을 쉽게 인정하지도 않고 바른 결정을 내리지도 못하셨어요. 이러다 무엇이 옳은지조차 분간하지 못하실까 봐 걱정이에요."

"스스로를 진실에서 분리시키는 사람들, '아무 일도 없었다' 혹은 '내 잘못이 아니다'라며 발뺌하는 사람들, 이런 사람들은 계속 진실을 부정하지."

알버트 아저씨는 잠시 숨을 가다듬고 말을 이었다.

"자꾸 진실을 부정하다 보면 결국 진실이 무엇이었는지조차 잊어버리게 된단다. 그러면 사과는 불가능하게 되지. 자기 잘못이 아니라고 끊임없이 자기를 합리화할 수 있는 사람이 어떻게 본인이 틀렸다는 것을 인정할 수 있겠어?"

"왜 사람들은 그토록 진실과 대면하기를 꺼리는 거죠?" 젊은이가 이해하기 어렵다는 듯 물었다.

"진실이야말로 사람을 자유롭게 풀어줄 열쇠라는 사실을 깨닫지 못하기 때문이지. 진실과 기만은 결코 함께하지 못한단다. 진실은 맞거나 틀리거나 둘 중 하나일 뿐이야. 중간지대는 없어. 진실은 사람에게 빠져나갈 틈을 주지 않아. 때문에 습관적으로 거짓말을 하는 사람은 진실을 마주하는 일이 아주 거북스럽지."

알버트 아저씨의 말에 무언가 생각난 듯 젊은이가 입을 열었다.

"그 말씀을 듣고나니 사장님이 왜 그토록 자기 방어적이고 다른 사람들의 비평에 무조건 귀를 막았는지 이제야 알 것 같아요. 최근에 사장님은 자기에게 조금이라도 쓴소리를 하면 몹시 싫어했어요. 저도 언제부턴가 사장님이 듣기 싫어할 말을 할 만한 사람은 무조건 사장실에 못 들어가게 막게 되더군요. 괜히 사장님 심기를 건드렸다가 저나 다른 직원에게 불똥이 튀면 어쩌나 싶어서 말이죠. 아저씨의 설명을 듣고 나니 이제야 사장님의 행동이 이해됩니다. 지금 설명해 주신 내용을 좀더 깊이 생각해 봐야겠어요."

"그러는 것이 좋겠구나. 그럼 오늘은 일단 여기서 마치는 걸로 할까?"

"그러죠. 그럼 '1분 사과'에 대해 다 가르쳐 주신 건가요?"

"아니, 그럴 리가 있니. 오늘은 전체적인 윤곽을 그렸을 뿐이야. '1분 사과'를 실천하는 데에는 두 가지 중요한 부분이 있단다. 그 부분은 내일 이야기하도록 하자꾸나."

1분 사과는
　잘못을 시인하는 것에서 시작하여
성실한 행동으로 끝난다.

"참, 내일 아침에 애니가 온다는구나. '1분 사과'의 첫 부분, 그러니까 잘못을 시인하는 것에 대해서 애니와 함께 이야기해 보렴. 애니야말로 그 부분의 전문가거든. 그리고 나서 차를 타고 호수 반대편에 사시는 애들 할머니를 만나러 가는 건 어떠니? 아마 어머니께서 자네에게 '1분 사과'의 두 번째 부분인 성실한 행동에 대해 조언해 주실 거야. 자, 그리고도 여력이 남으면 오후에 골프나 한판 치자고."

"할머니를 만나고, 골프를 치고…… 다 좋아요. 그런데 당장 발등에 떨어진 불부터 꺼야 하는 것 아닌가요?"

"무조건 일만 하는 게 중요한 건 아니란다. 때로는 머리를 식힐 줄도 알아야지. 문제 해결에 전력하면서도 여가를 즐기기 위해 시간을 내는 것이야말로 네가 네 인생을 리드한다는 표시이거든." 알버트 아저씨가 유쾌하게 말했다.

"아버지께서 말씀하시길 아저씨는 언제나 신뢰해도 좋을 분이라고 하셨어요. 결코 잘못된 방향으로 이끌고 갈 일은 없다고 말이죠. 아버지 말씀이 옳았던 것 같네요. 안녕히 주무세요."

"그래, 잘 자거라."

잘못을 시인한다

*

　토요일 아침 7시쯤 눈을 뜬 젊은이는 부엌으로 가서 따뜻한 커피 한 잔을 끓였다. 그러고 나서 다른 사람들이 깰까 봐 발꿈치를 들고 커피잔과 수첩을 가지고 조용히 밖으로 나갔다.

　호숫가에 걸터앉은 젊은이는 수첩을 펼쳐 어젯밤 자신이 적어놓은 기록을 다시 한 번 읽어보았다. 그러고는 '사장님의 문제를 어떻게 해결할 것인가'에 대해 한참을 골똘히 생각하고 있었다. 그런데 갑자기 자동차 바퀴가 자갈을 타다닥 튀기는 소리와 함께 엔진 소리가 들리더니 집 앞에 자동차가 서는 것이었다. 젊은이가 번쩍 정신을 차리고 돌아다보니 알버트 아저씨와 캐럴 아줌마, 브래드가 차 안에서 나온 사람을 반갑게 맞이하고 있었다. 식구들이 그렇게 좋아하는 것을 보니 누구인지 안 봐도 짐작이 갔다. 애니였다. 젊은이는 서둘러 자리에서 일어나 한번에 두 계단씩 오르며 온 힘을 다해 집으로 내달렸다.

멀리서 젊은이가 달려오는 것을 보고 애니가 그를 반갑게 불렀다.

"그러지 않아도 아버지한테서 네가 온다는 소식을 들었어. 이렇게 다시 보게 되다니 믿을 수가 없는걸."

감격에 찬 포옹을 나눈 후 젊은이가 말했다.

"여기에 오면 늘 생각지도 않은 좋은 일이 생기는군. 자, 내가 짐 들어줄게."

"배고픈 사람?" 집으로 향하며 캐럴 아줌마가 물었다.

"우리 다 굶어 죽기 직전이에요." 모두가 이렇게 말하며 깔깔 웃었다.

식구들이 모두 식탁에 둘러앉았을 때, 젊은이가 '1분 사과'에 대한 이야기를 꺼냈다. 젊은이는 지금 회사에 어려운 문제가 생겨서 반드시 해답을 찾아야 한다고 힘주어 말했다. 그러자 잠자코 듣고 있던 알버트 아저씨가 애니에게 물었다.

"애니, 솔직하다는 것과 자신의 잘못을 시인하는 것에 관해 네가 배운 교훈을 말해주렴. 이제는 솔직하게 이야기할 때도 되었잖니?"

"물론이죠. 어휴, 제가 겪은 시행착오를 생각하면…… 말 못해 줘서 안타까운 걸요."

식구들은 애니의 요란했던 10대를 떠올리며 모두 웃었다.

웃음이 잦아들자, 애니가 입을 열었다.

"'1분 사과'에서 잘못을 시인하는 것은 크게 두 부분으로 나눌 수 있어. 첫째는 바로 나 자신에 관한 것이야. 즉, 내가 무엇을 잘못했는지 깨닫는 것이지. 둘째는 상대방에게 내가 실수를 깨달았음을 느끼게 해주는 거야. 자기 잘못을 시인하기 위해서는 먼저 자기가 옳다는 자세를 버려야 해. 그래야 자신에 대해 백 퍼센트 철저히 솔직해질 수 있고, 실수를 제대로 바라볼 수 있게 되거든. 그리고…… 잘못을 시인하기 위해서 꼭 기억해야 할 사항이 있어."

자신에 대해
　솔직해지는 1분은
자기를 기만한
　며칠, 몇 달, 몇 년보다
값지다.

애니가 씁쓸히 웃으며 말했다. "자기 기만은 쓸데없이 값비싼 대가만 치르게 하는 몹쓸 습관이란 점!"

"맞아, 자기를 속이고 나면 엄청난 대가가 뒤따르지." 젊은이가 고개를 끄덕이며 말했다.

애니가 젊은이를 바라보며 말을 계속했다.

"자신의 잘못을 시인한 다음에는 자기가 저지른 잘못과 상대방이 입은 피해에 대해 완전히 책임을 져야 해. 이때 필요한 것이 겸손과 용기야. 아버지께서는 늘 '위대한 지도자는 일이 성공하면 다른 사람에게 공을 돌리고 일이 잘못되면 모든 책임을 떠안는다. 하지만 자기 중심적인 지도자는 일이 잘되면 모두 자기 공이라 말하고 잘못되면 남을 비난한다'고 말씀하셨어."

'그럼 사장님이 어제 이사회 회의에서 보인 행동은 자기 중심적인 지도자 유형에 속하는 것이로군.'

젊은이가 마음 속으로 따져보았다.

"잘못을 시인한다는 것은 설령 합리화할 수 있는 변명이 있더라도 이를 묻어버리고 상대방이 용서하든 안 하든 사과해야 한다고 느끼는 것이야.”

　“어떻게 해야 상대방에게 ‘내가 실수를 뉘우치고 있다’는 사실을 전달할 수 있지?”

　“먼저 스스로 느껴야 해. 그러고 나서 즉시 행동을 취해야 지. 여기서도 꼭 기억할 것이 있어.” 애니가 힘주어 말했다.

사과를 미룰수록
　약점은 파렴치함으로
간주된다.

"누구나 잘못을 저지르며 살아. 완벽한 사람은 없으니까. 하지만 처음 실수했을 때 솔직하지 못한 사람은 다음번에도 거짓말을 하게 되지. 그러면 다른 사람들은 그 사람을 보고 뻔뻔하다고 여기지."

"그런데도 왜 사람들은 곧바로 사과하지 않는 거지?"

이야기를 듣고 있던 알버트 아저씨가 한마디 거들었다.

"사과를 하면 약점이 드러난다고 생각하기 때문이란다. 70년대 '사랑이란 미안하다는 말을 하지 않는 것이다'라는 말이 크게 유행했던 적이 있었어. 사람들이 그 말에 공감했으니까 유행어가 되었겠지만, 사실 그 말처럼 이기적인 말이 또 어디에 있겠니? 나는 '사랑이란 진심으로 잘못했다고 말하는 것이다' 라고 바꿔서 말하고 싶구나."

"사람들은 왜 사과하는 일이 약점을 시인하는 것이라고 여기는 거죠?" 젊은이가 이상하다는 듯 물었다.

"사람들은 모두 남에게 훌륭하고 올바르게 보이고 싶어하는 욕구가 있으니까." 애니가 대답했다.

"하지만 문제는 누군가 항상 바른 모습을 보이려면 반대로 상대방은 항상 틀려야 한다는 거야." 브래드가 말했다.

"바로 맞혔어." 애니가 대답했다. "항상 옳아야 한다니, 사는 게 얼마나 피곤할까? 만약 사람들이 '옳아야 한다'는 생각을 버리고 '실수를 저지르면 당연히 사과해야 한다'고 생각한다면 정직하고 진실한 사회가 될 거야. 눈 가리고 아웅하는 식의 핑계도 사라지고 피해를 입거나 상처받은 사람은 모두 정당한 보상을 받게 되겠지."

애니의 말을 듣고 있던 젊은이가 뭔가 깨달았다는 듯 입을 열었다.

"그렇구나. 사과는 단순히 잘못을 저지른 사람만의 문제가 아니라 피해를 입은 상대방에게도 관련이 있구나!"

"맞아. 잘못을 시인하기 위한 둘째 부분을 보면 그 점이 더 명확해지지. 바로 구체적이어야 한다는 것이야. 내가 무엇을 사과하는지 상대방에게 정확히 말해 줘야 해." 애니가 설명했다.

그러자 브래드가 웃으며 말했다. "누나랑 내가 어렸을 때 우리는 애매모호하게 돌려 말하는 데 천재였어. 말썽 피우다 들키면 늘 부모님께 '잘못했어요, 다시는 안 할게요'라며 손이 발이 되도록 빌곤 했지."

"그래, 그 수법이 부모님께 잘 먹혀들었니?" 젊은이가 한쪽 눈을 찡긋하며 물었다.

"얘들은 그런 줄 알더구나." 캐럴 아줌마가 어깨를 으쓱거리며 말했다.

애니는 잠시 수줍게 웃더니 결론지어 말했다.

"먼저 상대방에게 무엇을 잘못했는지 아주 구체적으로 말해야 해. 그리고 나서 자신이 그 실수에 대해 어떻게 느끼고 있는지 상대방에게 솔직하게 털어놓아야 한단다. 내가 얼마나 난감했고 창피했으며 또 얼마나 후회하고 있는지 말이야. 그리고 그렇게 느끼는 이상 행동을 바꿀 수밖에 없다는 것을 말이야. 이런 과정을 거쳐야 사과를 해도 힘이 나고 상대방에게도 내가 건성으로 사과하는 게 아니라 진심이라는 믿음을 줄 수 있어."

알버트 아저씨가 애니의 말에 덧붙였다.

"내 기분이 어떤지 솔직하게 표현하지 않고, 실제적인 행동의 변화도 없다면…… 그러한 사과는 기계적인 동작에 불과해. 겉으로 흉내만 내는 꼴이지.”

“어쩌면 ‘나는 남자니까’라는 강박관념 때문일 수도 있겠지만…… 저 역시 감정을 털어놓는 것만큼 힘든 일은 없는 것 같아요. 자기가 한 일이 비참하고 창피하게 여겨질 때에는 더욱 그렇고요.” 젊은이가 자신의 속마음을 털어놓았다.

그러자 알버트 아저씨가 말했다.

“자신의 잘못을 인정하는 것은 누구에게나 어렵단다. 그러니까 용기와 겸손이 필요하지.”

“행동을 바꾼다는 것, 말이 쉽지 실행하기는 참 어렵겠죠.”

“맞아. 우선 하려는 마음이 있어야 해. 일단 하고 싶다는 생각이 들면 그만큼 자신을 단련하기 쉬워지거든.”

“아저씨, 무슨 뜻인지 대충 알 것 같아요. 아무튼 잘못을 시인하는 것에 대해서 제대로 배웠는지 좀 짚어봐야겠어요. 지금까지 배운 내용을 한번 정리해 볼게요.”

수첩을 펼친 젊은이는 잘못을 시인함으로써 어떻게 효과적인 ‘1분 사과’를 실행할 수 있는지 나름대로 이해한 내용을 설명하기 시작했다.

1분 사과는 일단
  자신의 잘못을
  시인하는 것에서 시작된다.

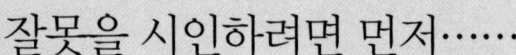

잘못을 시인하려면 먼저……

1. 진실되어야 한다. 스스로 잘못을 인정하고 이를 바로잡아야
   한다는 사실을 깨닫는다.

2. 자신의 잘못으로 상대방에게 피해를 입혔다면 전적으로
   책임진다.

3. 사과하는 일이 촌각을 다투는 문제임을 인식한다. 될 수 있는
   한 빨리 사과한다.

4. 피해를 끼친 상대방에게 내가 무슨 잘못을 깨달았는지 매우
   구체적이고 분명하게 말한다.

5. 실수로 인해 지금 자신의 기분이 어떤지 상대방에게 솔직하게
   털어놓되, 다시는 똑같은 실수를 되풀이하지 않을 만큼 철저히
   털어놓는다. 또한 사과한 내용을 반드시 행동으로 옮긴다.

성실한 행동으로 보여준다

＊

젊은이의 브리핑을 듣고 있던 알버트 아저씨의 입가에 미소가 번졌다.

"음, 훌륭한 학생이구나. 상으로 오후에 골프나 한게임 할까?"

아침식사 후, 캐럴 아줌마는 조용히 집에 남아서 책을 읽겠다고 했다. 그래서 나머지 일행만 보트를 타고 호수 반대편에 사시는 나나 할머니의 집으로 향했다. 할머니를 도와서 오늘 저녁식사에 쓸 채소를 텃밭에서 뽑기 위해서다.

잠시 후, 보트가 반대편 기슭에 닿았다. 보트에서 내린 젊은이가 일행을 따라 돌담길을 올라가니 집 한 채가 보였다. 마침 작업복에 챙이 넓은 모자를 쓴 한 여인이 꽃무늬가 수놓인 작업용 장갑을 끼고 무성히 자란 옥수수밭에서 나오고 있었다. 나나 할머니였다.

할머니의 텃밭에는 탐스러운 옥수수며 호박, 강낭콩, 길쭉길쭉한 당근과 오이, 갖가지 상추와 가지가 보기만 해도 먹음

직스럽게 영글어 있었다.

"어서들 오너라. 저녁식사에 쓸 야채를 뽑으러 온 게냐? 올해 채소 농사가 정말 잘 되었어."

알버트 아저씨가 유쾌하게 대답했다.

"그럼요. 노는 일손도 한 명 데려왔는걸요, 하하하. 어머니, 빌과 베티의 아들 기억하시죠?"

"물론. 얘가 베티의 아들이냐? 아이고, 이게 얼마 만이냐. 몰라보게 자랐구나." 할머니는 얼굴 가득 미소를 머금고 젊은 이를 맞았다.

"잘 지내셨어요? 할머니." 젊은이가 정중히 인사했다.

"농장이 정말 훌륭하네요. 세상에, 이렇게 채소가 잘 자라다니. 아무래도 할머니에겐 특별한 기술이 있으신가 봐요."

"나야 뭐, 씨 뿌리는 것말고 한 게 있나. 자연은 어떤 실수를 해도 너그럽게 용서해 주는 넉넉함이 있으니까. 그런데 이곳엔 어쩐 일이냐?"

알버트 아저씨는 나나 할머니에게 젊은이가 별장에 오게 된 이유를 간략히 설명했다.

"방금 전까지 실수와 사과의 필요성에 대해 이야기를 나눴어요." 젊은이가 말했다.

"'1분 사과'에 대해 배운 게로구나?"

"네. 지금까지 잘못을 시인하는 것에 대해 배웠고요. 이제 '1분 사과'의 둘째 부분인 성실한 행동에 대해 배울 차례예요. 이 부분은 아저씨께서 할머니께 배우라고 말씀하시던데요? 누구보다 할머니께서 잘 알고 계시다고……."

"기분 좋은 칭찬이구나. 내 남편, 그러니까 애니와 브래드의 할아버지는 늘 '시간이 흐르고 나면 결국 성실한 행동만 남는다'라고 말하곤 했지."

"맞는 말이네요. 그런데 궁금한 게 있어요. 솔직한 것과 성실하다는 것이 어떻게 다르죠?" 젊은이가 물었다.

"달라도 한참 다르지."

나나 할머니가 젊은이에게 자세히 설명해 주었다.

솔직하다는 것은 스스로 남들에게
　진실을 말하는 것이고,
성실하다는 것은
　그 진실을 실천하는 것이다.

"아하, 그러니까 자신이 틀렸다는 사실을 인정하고 받아들이는 것이 자신의 잘못을 시인하는 것이고 이를 행동으로 나타내는 것이 성실함을 보여주는 것이군요." 젊은이가 말했다.

"그래, 그거야! 성실한 행동은 결국 지속성의 문제이지. 상황이 좋든 나쁘든 자신이 지향하는 삶을 지켜내는 것, 그게 바로 성실성이야. 잘못한 것이 있다면 반드시 이를 바로잡아야 자신이 원하는 삶을 살 수 있지."

"어떻게 하면 늘 자신이 지향하는 바를 지키며 살 수 있죠?"

젊은이의 물음에 알버트 아저씨가 웃음을 띠며 말했다.

"음, 이렇게 해 보자. 네가 죽었다고 생각하고 너의 부고 기사를 써보면 어떻겠니? 나도 한번 해 봤는데 괜찮더구나."

"예? 어째 무시무시한데요. 왜 그런 일을 하셨어요?" 젊은이가 소름이 끼치는 듯이 살짝 몸을 떨었다.

그러자 알버트 아저씨가 호탕하게 웃었다.

"알프레드 노벨의 이야기를 들으니 한번 써보고 싶은 마음이 들더구나."

"노벨 평화상의 그 노벨 말인가요?"

"그래. 노벨상은 물리학, 경제학, 문학, 의학, 화학 등 여러 분야에 걸쳐서 상이 주어지는데, 유독 노벨 평화상이 훨씬 유명한 게 이상하지 않니? 게다가 노벨은 평화 운동과는 거리가 먼 사람이었어. 자네도 역사 시간에 배워서 알겠지만 알프레드 노벨은 다이너마이트를 발명한 사람이거든."

"그러고 보니 이상하네요." 젊은이가 수긍한다는 듯 고개를 끄덕였다.

"형이 사망한 날, 노벨은 신문을 보다 큰 충격을 받게 되지. 스톡홀름의 한 지방 신문사에서 노벨의 형을 노벨로 착각하고 오보를 낸 거야. 때문에 알프레드 노벨은 모닝커피를 마시다가 자신이 죽었다는 기사를 읽는 이상야릇한 체험을 하게 되었단다."

"기사의 주된 내용이 다이너마이트 발명에 관한 것이었겠군요?"

"그랬단다. 충격이 컸지. 사후에 자신이 파괴의 대명사로 사람들에게 기억될 것을 생각하니 아찔했던 거야. 다른 삶을 살아야겠다는 욕구가 솟구쳤지. 사람들이 자신을 파괴가 아닌 평화의 대명사로 기억해 주기를 바라는 마음, 그것이 노벨의 삶을 백팔십도 수정하게 만든 원동력이 되었지. 바로 이것을 자신에게 적용시키면 돼. 현재, 그리고 죽은 후에 다른 사람이 나를 좋게 기억해 주기를 바라는 마음, 그것 때문에 남에게 사과하고 싶은 마음도 생기는 거야.”

“그러니까 ‘1분 사과’는 단순히 잘못을 바로잡는 게 아니라 자신의 모습을 반추해 봄으로써 삶의 형태까지 바꾸게 하는 방법이라는 말씀이시군요?”

“그렇다고 할 수 있지.” 알버트 아저씨가 고개를 끄떡이며 대답했다.

“내가 좋아하는 말이 하나 있는데…….”

사람은 결국
  자신이 산 삶을
유산으로 남긴다.

알버트 아저씨는 잠시 뜸을 들인 뒤, 이야기를 계속했다.

"사람은 누구나 불완전해. 그러다 보니 죽은 후에 좋은 사람으로 기억되길 바라면서도 자신이 꿈꾸던 모습과 맞지 않는 행동을 할 때가 있어. 완벽한 사람은 없으니까. 하지만 이렇게 원치 않는 실수를 저질렀을 때 얼마나 빨리 실수를 만회하고 삶의 방향을 바로잡는가에 따라 그 사람의 성실한 행동이 결정된단 말이야."

"잘못을 저질러도 실수를 바로잡아 상대에게 믿음을 주고 나면 괜히 뿌듯해지겠죠." 젊은이가 말했다.

"물론, 그렇다마다. 자신이 얼마나 괜찮은 사람인지 자꾸 생각해 내고 나쁜 의도가 아니었다는 점을 계속 본인에게 또 타인에게 각인시켜야 한단다. '괜찮아. 잠깐의 실수일 뿐이야. 나라는 사람이 본래 나쁜 것은 아니야' 이렇게 생각해야 돼. 실수를 저지른 행위 자체는 미워해도 자기 자신은 미워하지 말아야 하니까."

"말씀을 듣고 보니 제 문제가 무엇인지 알겠어요. 때때로 제가 바라던 모습에서 어긋나는 실수를 할 때가 있는데 그때는 실수를 바로잡을 때까지 밤에 잠도 못 자고 설치거든요."

"에이브러햄 링컨도 그랬단다."

나나 할머니가 이야기에 끼어들었다.

"에이브러햄 링컨이요?" 젊은이가 의외라는 표정을 지었다. 그러자 할머니가 얼굴에 미소를 띠며 이야기를 시작했다.

"에이브러햄 링컨은 내가 가장 존경하는 사람이야. 칼 샌드버그의 저서 중에 링컨의 실패담에 관한 이야기가 있지. 나는 때때로 그 책을 읽으면서 모두가 실수한다는 사실에 위안을 받곤 하지. 밭일은 잠시 쉬고 너랑 그 책에 대한 이야기나 나누어야겠다."

나나 할머니는 언덕 위에 있는 집을 향해 걸어가며 젊은이에게 따라오라고 손짓했다. 현관 앞에 다다르자 할머니는 젊은이에게 잠시 벤치에 앉아 기다리라고 한 후 안으로 들어갔다.

잠시 후, 책 한 권을 가지고 나온 나나 할머니는 책갈피가 꽂힌 페이지를 펼쳐 젊은이에게 건네며 말했다.

"이 책을 읽다보면 '지도자라는 위치에 있으면서 자기가 바라는 삶을 지켜나간다는 것이 때론 무척 어렵겠구나' 하는 생각이 들어."

젊은이는 의아해하며 할머니가 건네준 부분을 읽기 시작했다.

남북전쟁 당시 버지니아 북부에서는 치열하게 반격해 오는 남군과의 싸움이 한창이었다. 그러던 어느 날, 수도방위 경비를 담당하던 스콧 대령이 링컨 대통령을 찾아왔다.

스콧 대령의 아내가 아픈 남편을 간호하러 워싱턴에 왔다가 집으로 돌아가는 길에 체사픽 베이 증기선 충돌사고로 사망한 직후였다.

대령은 슬퍼하는 아이들을 위로하고 아내의 장례식에 참석하기 위해 연대장에게 휴가를 신청했다. 그러나 워낙 전쟁이 급박해서 장교 한 사람의 몫이 아쉬운 때였으므로 그 신청은 받아들여지지 않았다. 하지만 당연히 휴가를 받아야 한다고 생각했던 스콧 대령은 이에 굽히지 않고 군대의 위계질서를 어겨가며 애드윈 스탠튼 국방장관에게 직접 휴가를 요청했다. 그러나 스탠튼 장관 역시 그의 요청을 거절했다.

결국 대령은 자신의 의사를 관철시키기 위해 급기야 통수권

자인 링컨 대통령을 직접 찾아가게 된 것이었다.

토요일 오후, 마지막 접견객으로 대통령 집무실에 들어선 스콧 대령은 링컨 대통령에게 자신의 사정을 설명했다. 그러자 링컨 대통령은 스콧 대령의 말이 끝나기가 무섭게 불같이 화를 내기 시작했다.

"잠시만이라도 나를 가만히 내버려둘 수 없나? 밀려드는 요청에 조금도 머리를 식힐 수가 없어. 왜 이 따위 문제로 여기까지 오나? 인사과에 가란 말일세. 서류나 휴가문제는 인사과 담당이잖아!"

스콧 대령은 스탠튼 장군이 휴가를 허락해 주지 않아 부득이 대통령을 찾아오게 되었다고 말했다.

"그러면 못 가는 거지! 갈 수 있는 상황이라면 스탠튼 장관이 어련히 보내주지 않았겠나? 위계질서와 명령은 지키라고 있는 것일세! 게다가 지금 나보고 스탠튼 장관의 결정과 규칙을 번복하라는 말인가? 그러다 중요한 작전이라도 망치면 어떻게 할 텐가? 지금 내가 할 일 없이 노는 사람처럼 보이나? 눈코 뜰 새 없이 바쁘다네. 그깟 휴가문제 따위로 낭비할 시

간이 조금도 없단 말일세! 여기까지 오면 내가 동정이라도 해

줄 줄 알았는가?"

　대통령의 역정은 계속되었다.

　"자넨 지금 전쟁 중인 걸 모르나? 아내가 죽어서 힘든 건 자

네뿐만이 아니네! 모두 힘들지만 꾹 참고 견디고 있어. 동정

이나 사랑 타령은 평화로운 때나 하는 걸세. 지금이 어떤 시

국인데…… 그렇게 어리광이나 부리고 있을 시간이 조금도

없단 말일세! 우리가 할 일은 싸우는 것, 하나뿐이야!"

　링컨 대통령의 말에는 계속 짜증이 섞여 나왔다.

　"자네 같은 사람이 어디 한두 명인가? 이 나라의 모든 사람

들이 지금 슬픔으로 가슴이 무너질 걸세. 그렇다고 다들 자네

처럼 나한테 와서 하소연을 하는가? 나는 지금 내 일만으로도

벅차네. 인사과로 가져가게. 휴가문제는 인사과에서 처리하

라고! 그리고 인사과에서 안 된다고 하거든 그냥 참게. 전쟁

이 끝날 때까지는 다 그래야 해! 지금 전쟁에서 이기는 것, 그

것보다 중요한 일은 없으니까!"

　링컨 대통령의 분노에 스콧 대령은 크게 좌절하여 자신의

막사로 돌아갔다.

젊은이는 책에서 눈을 떼고는 믿을 수 없다는 표정으로 나나 할머니를 쳐다보았다.

"이게 실화예요?"

할머니가 가만히 고개를 끄덕였다.

"학교에서 배운 링컨과 너무 다른데요. 스콧 대령에게 휴가를 허락하지 않은 것 때문에 놀라는 것은 아니에요. 사실 당시 상황에 비추어보면 그 결정 자체는 올바른 것이었죠. 하지만 링컨은 늘 남을 배려하는 자상한 마음씨를 가진 사람이라고 알려져 있잖아요? 그런데 어떻게 그토록 스콧 대령에게 매정하게 말할 수 있는 거죠? 그 점이 좀 충격적이네요."

"그렇지? 이 이야기를 읽다 보면 링컨에 대한 이미지가 좀 달라지지?"

"네. 갑작스런 아내의 죽음으로 실의에 빠진 스콧 대령에게 링컨이 너무했는데요."

젊은이는 다시 그 부분을 반복해서 읽어보았다.

잠시만이라도 나를
가만히 내버려둘 수 없나?
　왜 이 따위 문제로 여기까지 오나?
지금 내가 할 일 없이
노는 사람처럼 보이나?
　눈코 뜰 새 없이 바쁘다네.

"그런데 말이야. 그날 저녁 링컨이 왜 그토록 매정하게 굴었다고 생각하니?" 나나 할머니가 물었다.

"전쟁으로 인해 너무 힘들었겠죠. 수많은 사람이 죽어가고 끔찍한 고통이 계속되었을 테니까요. 게다가 종전 직전이었으니 극도로 지친 상태였을 거예요. 그러고 보니 링컨의 태도도 조금은 이해할 수 있을 것도 같아요."

"그래, 그렇겠지. 하지만 링컨이 스콧 대령에게 왜 휴가를 허락할 수 없는지 그 이유를 진지하고 차근차근한 어투로 설명했다면 상황은 많이 달라지지 않았을까? 성실히 설명하는 것과 변명을 늘어놓는 것 사이에는 엄청난 차이가 있거든." 나나 할머니는 잠시 말을 끊었다가 다시 이었다.

"왜 그런 일이 일어났는지 이유를 밝히는 것이 설명이라면, 자신의 잘못을 묻어버리고 책임을 최소화하려고 이유를 내세우는 것이 변명이란다. 자신의 잘못을 합리화할 변명은 자기 자신만 속이면 얼마든지 찾아낼 수 있거든."

"하지만 아무리 그래도 이 이야기는 링컨답지 않아요."

젊은이는 적잖이 실망한 듯 말했다.

"링컨이 이 이야기를 자신의 부고에 넣고 싶어했을까?"

할머니가 다시 물었다.

"글쎄요. 적어도 링컨이 바라던 이미지와는 맞지 않았겠죠."

"페이지를 넘겨서 다음 장을 한번 읽어보려무나."

젊은이는 할머니 말대로 다음 부분을 읽기 시작했다.

다음날 새벽녘, 스콧 대령은 막사 문을 두드리는 소리에 잠이 깼다. 스콧 대령이 아직 잠에 취한 채 문을 열어보니 문 앞에 링컨 대통령이 서 있었다.

"스콧 대령, 어제 저녁 나는 사람도 아니었네. 정말 할 말이 없네." 링컨 대통령은 스콧 대령의 손을 꽉 잡으며 말했다.

"어제는 너무 심신이 지쳐 있었네. 그렇다고 해도 국가를 위해 헌신하고 아내를 잃어 실의에 빠진 사람을 그렇게 험하게 대해서는 안 되는 것이었는데. 밤새 후회하면서 뒤척이다가 용서를 청하러 이렇게 왔네."

링컨 대통령은 진심으로 사과했다. 그러고 나서 이미 스탠튼 장관에게 연락하여 부인의 장례식에 갈 수 있도록 조처를 취해두었다고 말했다. 그러고 나서 대령을 자신의 마차에 태워 친히 포토맥 증기선 부두까지 배웅해 주었다.

"정말 감동적인 '1분 사과'네요. 말로만 하는 얄팍한 사과하고는 질적으로 다른 걸요. 링컨의 행동 때문에 그의 사과가 빛이 나는 것 같아요." 젊은이가 말했다.

"네가 좋아할 줄 알았어." 할머니가 흐뭇한 표정으로 말했다.

"링컨은 기꺼이 스스로에게 솔직해졌고, 잘못을 인정했네요. 또 자신이 저지른 행동에 대해 성실히 책임을 지고 상대방에게 사과할 필요가 있다는 것을 진심으로 깨달았어요."

"또 재빠르게 행동으로 옮겼지. 책에 '다음날 새벽녘'이라고 쓰여 있지 않니? 또 그는 구체적으로 말했어. '어제 저녁 나는 사람도 아니었네. 국가를 위해 헌신하고 아내를 잃어 실의에 빠진 사람을 그렇게 험하게 대하면 안 되는 것이었는데'라고 말이야. 게다가 잘못을 저지른 후 자신이 느낀 기분도 솔직하게 털어놓았지. '밤새 후회하면서 뒤척이다가'라고 말이야."

"이야기를 통째로 다 외우셨나 봐요." 젊은이가 웃으며 말했다.

"아까 말했지 않니? 링컨의 팬이라니까." 할머니가 밝게 웃으며 농담을 받았다.

"링컨이야말로 '1분 사과'에서 진심으로 잘못을 시인한다는 것이 무엇인지 잘 보여주는 인물이지. 뿐만 아니라 둘째 항목인 성실성을 몸소 실천한 사람이기도 하단다."

"어떤 식으로요?"

"그는 사과하기로 마음먹은 순간에 아랫사람을 시켜서 스콧 대령을 집무실로 불러오지 않았단다. 스스로 대령의 막사까지 찾아갔지. 전날 링컨은 계속해서 대령에게 군대 내 서열을 지켜야 한다고 강조했어. 하지만 이성을 되찾고 생각해 보니, 군대의 위계를 따질 상황이 아니었던 거야. 링컨은 여러 가지 방법으로 대령에게 '내가 어제 자네에게 너무 야박하게 굴었네. 나는 어제의 내 모습이 부끄러워. 어제 자네가 만난 그 사람은 나의 참모습이 아니었네' 라고 말한 것이지."

"솔직히 말해서 아무나 그런 말을 하지는 못하죠."

"그렇고말고. 대부분은 자신이 틀렸다는 사실 하나만으로도 자존심이 상해서 자신의 잘못을 인정하려고도, 스스로를 용서하려고도 못하지. 무슨 엄청난 죄를 저지른 사람처럼 말이야."

"스스로를 용서한다고요? 그게 무슨 말이죠?"

"사람들은 끔찍한 잘못을 저질렀다고 생각하면 자신을 용서하지 못하는 경우가 많아. 자기가 다른 사람에게 그토록 큰 상처와 실망을 안겨줬다는 사실을 마주 대하기가 두려운 거야."

할머니가 덧붙여 말했다. "자신을 용서하라는 말은 듣기에는 간단하지만 실은 그렇게 간단한 일이 아니란다."

"뭐가 그렇게 어렵죠?"

"먼저, 두 가지 사실을 직시해야 하거든. 첫째, 내가 누군가에게 잘못을 저질렀고 이를 바로잡아야 한다는 점. 둘째, 내가 바라던 모습, 혹은 다른 사람들이 이렇게 생각해 주었으면 하는 나의 모습과 어울리지 않는 행동을 했다는 점. 이 두 가지 사실을 받아들여야 해. 그리고 이런 말을 자문해 봐야 한단다. '내가 무슨 잘못을 저지른 거지? 왜 그랬지? 우연한 실수인가, 충동에 의한 것인가? 별 생각 없이 한 행동이었나, 아니면 화가 나서 그랬나? 혹은 고의적으로 계산된 것이었나, 아니면 늘 잠재되어 있던 행동양식이 표출된 것인가? 아무리 그래도 내가 그렇게까지 행동할 사람은 아니지 않은가?' 라고 말이야."

"아마 링컨도 밤새 똑같은 질문을 되뇌며 잠을 이루지 못했겠죠?"

"분명 그랬을 거야. 그는 끊임없이 '나라는 사람은 본래 그렇지 않다' 라는 사실을 스스로에게 각인시키고 자기의 본모습으로 돌아가기로 다짐에 다짐을 했을 거야. 그러니까 새벽부터 스콧 대령의 막사로 찾아간 것 아니겠니?"

"대령이 아내의 장례식에 참석하는 것을 허락하지 않았다가 결정을 번복한 것은 그런 죄의식 때문이었을까요?"

"아니, 나는 링컨이 잘못했다는 사실을 깨달았기 때문이라고 생각해. 링컨은 자신이 스콧 대령에게 어떤 상처를 주었는지 깨달은 거야. 그래서 직접 나서서 상황을 바로잡기로 결심한 게지."

"그러니까 상황을 바로잡는다는 것은 상대방의 신뢰를 회복하기 위해 성실하게 노력한다는 뜻이군요." 젊은이가 이해할 수 있다는 듯이 머리를 끄덕였다.

"그러려면 먼저 행동이 달라져야 해. 행동을 바꿔 실수를 만회한 다음에야 상황을 바로잡는 것이 가능하단다. 그것도 다른 사람이 확연히 느끼게끔 말이야."

"링컨이 스콧 대령을 자신의 마차에 태워 손수 배웅해 준 것처럼 말이죠?"

"그래. 너도 실수를 바로잡아 신뢰를 회복하려고 애쓰는 사람과 함께 일하는 편이 훨씬 좋겠지?"

"당연하죠!" 하고 젊은이가 소리쳤다. 문득 자신의 경험담이 섬광처럼 스치듯 생각났다.

"할머니, 최근에 항공사 측의 실수로 비행기 예약이 취소된 적이 있었어요. 저는 화가 머리끝까지 나서 티켓 담당자에게 전화를 했죠. 그러자 담당자는 시스템 에러였다고 공손하게 시인하고는 불편을 끼쳐드려 죄송하다고 사과하더군요. 그러면서 '우리 회사는 절대로 이런 일이 없는 회사인데 어쩌다 실수를 저질렀습니다. 그래서 컴퓨터 앞에 '주의'라는 메모를 붙여놓고 다시는 이와 같은 실수가 없도록 노력하고 있습니다. 하지만 고객님의 잃어버린 신뢰를 되찾기 위해 저희가 더 해 드릴 일은 없습니까?' 라고 묻더군요. 그 직원의 성실한 태도에 저는 화가 저절로 풀리더군요. 그래서 이렇게 말했어요. '그 점은 걱정 안 하셔도 되겠어요. 당신이 이미 그 회사에 대한 믿음을 회복시켜 주었어요. 제 말을 들어주고 회사의 실수를 인정했으며 어떻게 해서든 일을 바로잡으려고 하셨잖아요'라고 대답했지요."

"그래, 피해를 보상할 방법을 물어본 점이야말로 그 담당자가 얼마나 성실하게 잃어버린 신뢰를 되찾으려고 노력했는지 여실히 보여주는 한 단면이구나. 사실 대부분의 사람들은 진심으로 사과만 해도 마음이 풀리고 기꺼이 실수를 덮어준단다. 하지만 '1분 사과'는 그것으로는 부족해. 잘못을 시정하려는 성실한 노력! 이것이 없다면 '1분 사과' 는 불완전한 거야."

행동의 변화 없이
'미안하다'는 말뿐인 사과는
완벽하지 않다.

"할머니, 그럼 어떻게 해야 완전해지죠?"

"네가 정말 미안해한다는 사실을 보여주려면 행동을 바꾸는 것 외에 다른 방법이 없어. 너의 행동이 달라져야만 상대방도 네가 다시는 실수를 저지르지 않기로 결심했다는 사실을 믿게 되지."

"바로 그런 마음이 결여되었기 때문에 미안하다고 사과해도 받아주지 않는 경우가 생기는 건가요?"

"그래. 신의를 거듭 저버리면서 매번 '미안하다'고 말뿐인 사람의 사과를 누가 진지하게 받아들이겠니?"

젊은이가 고개를 끄덕이며 수긍하는 표시를 보였다.

"참, 우리 일꾼들이 얼마나 일을 잘하고 있나 한번 볼까?"

나나 할머니는 벤치에서 일어나 손을 툴툴 털고 텃밭으로 내려가기 시작했다. 젊은이는 급히 노트에 몇 줄 적은 후, 서둘러 뒤따라갔다.

젊은이를 발견한 알버트 아저씨가 물었다.

"이제 '1분 사과'에서 필요한 성실성의 의미를 알겠니?"

"네, 그런 것 같아요. 제가 쓴 노트 좀 점검해 주실래요?"

'1분 사과'는
성실한 행동으로
끝난다.

성실한 행동을 위해 실천할 것들

1. 실수했을 때 자신의 잘못을 인정한다. 그리고 이러한 실수는 본래 자신이 원하는 모습이 아니라는 사실을 받아들인다.

2. '실수를 저지른 행동은 형편없었지만 나는 본래 그런 사람이 아니다' 라는 사실을 자기 자신에게 각인시키고 자신을 용서한다.

3. 상대방에게 얼마나 큰 상처를 입혔는지 깨닫고 그 피해를 보상한다.

4. '다시는 똑같은 실수를 반복하지 않겠다' 고 스스로 다짐하고 행동을 변화시켜 결심을 입증해 보인다.

알버트 아저씨는 노트를 살펴본 뒤, 흐뭇해하며 말했다.
"훌륭하구나."

그러자 젊은이가 나나 할머니에게 정중히 인사를 했다.

"할머니, 성실성에 대해 가르쳐 주셔서 정말 감사합니다. 특히 링컨의 일화를 통해 큰 깨달음을 받았어요. 다른 사람에게도 이 이야기를 해 주고 싶어요."

"큰 도움이 됐다니 기쁘구나." 얼굴 가득 미소를 지으며 할머니가 말했다.

"자, 이제 집으로 돌아갈 시간이다. 에미가 이 채소들을 학수고대하고 있을 게야."

할머니의 말에 모두 아쉬운 듯 자리에서 일어나 채소를 배에 실었다.

"저녁식사 때 봬요. 할머니!"

부둣가에서 배 뒷머리를 밀며 브래드가 인사했다.

"수고했다. 도와줘서 고맙다, 애들아!" 나나 할머니는 손을 흔들며 멀어지는 알버트 아저씨 일행에게 인사했다.

제3장
'1분 사과'는
이렇게……

결과에 집착하지 마라

*

얼마 후 배는 집 근처 부두에 닿았다.

젊은이와 알버트 아저씨는 배에서 채소들을 내려 물에 깨끗이 씻은 뒤, 여가를 이용해서 골프를 치러 갔다. 간단히 샌드위치로 점심을 해결한 후, 1번 홀 티로 이동할 때쯤 알버트 아저씨가 젊은이에게 말했다.

"골프 치는 거 오랜만이지? 그렇다면 오늘은 승부를 가리지 말고 나토(NATO) 골프를 치는 게 어때?"

"네, 나토 골프요?"

"그래, '나토'는 'not attached to outcome'의 약자야. 결과

에 집착하지 말라는 뜻이지. 흔히 골프를 칠 때 몇 타인지, 다른 사람에게 어떻게 보이느냐, 뭐 그런 것에 집착하지 않니? 점수가 자신을 나타내 주기라도 하는 것처럼 말야. 하지만 나는 오늘 네가 결과가 아니라 게임 그 자체에 집중하면서 얼마나 공을 잘 맞히는지 보고 싶구나."

알버트 아저씨의 말에 젊은이가 빙그레 웃으며 말했다.

"재미있겠네요. 하지만 어째 이번에도 골프만 가르쳐 주시려는 의도는 아닌 것 같은데요?"

알버트 아저씨가 너털웃음을 터뜨리며 말했다.

"아이고, 들켜버렸구나. '1분 사과'에도 나토를 적용할 수 있단다. 사과할 때는 결코 결과나 상대방의 반응에 연연해서는 안 돼. 즉 용서하나 안 하나에 집착해서는 안 된다는 말이다. 네가 꼭 기억해야 할 말이 있다."

결과를 위해
　사과하는 게 아니다.
내가 잘못했다는 것을 알고 있고,
　또, 사과하는 것이 옳기 때문에
사과하는 것이다.

알버트 아저씨와 젊은이가 골프를 마치고 집에 돌아오니 저녁식사 준비가 한창이었다. 캐럴 아줌마가 젊은이를 발견하고는 누가 이겼는지 물었다.

"둘 다 이겼어요."

"그래? 나토 골프를 쳤구나."

"네. 막상 타수나 시합 결과, 남의 의견에 상관하지 않고 게임을 하니 아주 새롭던데요. 오랜만에 신나게 골프를 친 것 같아요. 나토 방식을 다른 어느 곳에나 적용해도 좋을 것 같아요."

"하여간 이이는 특이한 방법으로 가르친다니까……. 그런데 또 어디에다 나토를 적용한다는 거니?"

"아줌마, 제가 여기 와서도 나토의 덕을 톡톡히 봤어요. 다음 주에 직장에 돌아가면 무슨 일이 일어날까 걱정하는 대신에 이곳에서 배우는 일에 더 집중할 수 있게 되었잖아요!"

"와, 응용력이 대단한데. 넌 이곳을 떠날 때쯤이면 배울 것은 다 배워갈 것 같구나."

가정이나 직장에서 사과하기

✻

식사준비가 끝나갈 무렵, 나나 할머니가 집에 도착했다. 할머니는 젊은이에게 들고 온 커다란 봉투를 건네주며 말했다.

"링컨 이야기를 재미있어 하기에 한 부 복사해 왔다."

"와! 이게 필요한지 어떻게 아셨어요?" 젊은이는 신이 나서 봉투를 뜯으며 말했다. "할머니, 이 이야기가 제게 얼마나 중요한지 아마 상상도 못하실 걸요?"

기쁨에 차서 복사한 종이를 뒤적이던 젊은이는 불쑥 알버트 아저씨에게 물었다.

"아저씨, 이 이야기를 꼭 보여드리고 싶은 사람이 있거든요. 팩스기 좀 사용해도 돼요? 사장님께 한 부 보내드리고 싶어요."

"당연하지, 어서 보내고 오렴." 알버트 아저씨가 흔쾌히 허락했다.

즐거운 저녁식사가 막 시작될 무렵 초인종이 울렸다. 이웃

에 사는 게일과 존이 찾아온 것이다. 모처럼 옆집 손님까지 합류하니 집 안 가득 활기가 넘쳤다.

식사를 하면서 이번 주에 어떻게 호숫가에 오게 되었는가를 주제로 하여 서로 돌아가며 이야기를 나누었다. 젊은이의 차례가 되었다.

"저는 직장에 심각한 문제가 생겨서 해결책을 찾으러 이곳까지 오게 되었어요. 단순히 알버트 아저씨의 조언을 구하러 온 건데 생각도 못한 수확을 얻게 되었지요. '1분 사과'라는 건데 정말 인생에 새로운 전환을 가져올 만큼 획기적이에요."

이에 게일과 존이 '1분 사과'에 대해 호기심을 보이며 무척 궁금해했다. 그래서 젊은이는 그동안 배운 '1분 사과'에 대해 차근차근 설명해 주었다.

"사과한다는 것이 그렇게 의미 있는 일인 줄은 미처 몰랐어요." 존이 일행을 둘러보며 말을 이었다.

"사과라는 주제가 무척 흥미롭네요. 비단 저뿐만 아니라 다른 사람들도 사과를 어떻게 해야 하는지 잘 모르는 것 같아요. 그러다 보니 잘못을 저지르면 일단 피하고 보자는 식이죠. 하지만 본인이 틀렸다는 사실을 인정할 배짱도 없이 어떻게 사안들을 해결하겠어요? 결국 문제는 눈덩이처럼 불어나고 뉴스거리가 될 정도가 되죠."

캐럴 아줌마가 존의 말을 받았다.

"그래요. 사람들은 언제 어떻게 사과해야 하는지 잘 몰라요. 어영부영하다가 시기를 놓치고는 나중에 마지못해 '미안하다, 잘못했어'라고 웅얼거리죠. 괜히 어설프게 사과해서 상대방의 화만 돋우곤 하죠."

브래드는 자신의 경험담이 불현듯 생각났다.

"저도 학교 다닐 때 그와 비슷한 일을 겪었어요. 생물시간에 잘못을 해서 선생님께 사과했는데 '네가 말하는 것은 한마디도 못 믿겠다' 하는 눈초리로 저를 쳐다보는 거예요. 지금까지도 그때 그 선생님의 눈빛이 안 잊혀져요."

"그래서 어떻게 했는데?" 애니가 이야기를 재촉했다.

"나의 진심을 선생님께 보여야겠다고 생각했어요. 그래서 방과후에 선생님을 직접 찾아가서 내가 얼마나 후회하는지 말했죠. '햄스터를 교실에 풀어놓아서 죄송합니다. 햄스터는 본래 주인에게 돌려주겠습니다'라고 정중히 사과했어요. 그러고는 사과의 표시로 선생님의 시험지 채점을 도와드리고 싶다고 말했지요. 하지만 선생님 표정은 아직도 제 진심을 못 믿겠다는 눈치였어요. 도와드리겠다는 제 청도 보기 좋게 거절당했죠."

브래드는 한숨을 쉰 뒤, 말을 이었다.

"풀이 죽어 창문 쪽을 바라보는데 마침 밖에 주차해 놓은 선생님 자동차가 보였어요. 먼지가 잔뜩 끼여 있었죠. 그래서 선생님 차를 세차해도 되겠냐고 여쭤봤어요. 선생님은 제 말에 좀 놀란 듯했지만 그렇다고 나를 완전히 믿어주는 것처럼 보이지는 않았어요. 저는 선생님의 마음을 돌려놓을 만한 일을 할 수 있게 허락해 달라고 한참을 설득해야 했지요. 결국 남은 학기 내내 한 달에 한 번씩 고집스럽게 선생님 차를 세차했더니 선생님이 저를 다시 믿어주시더군요."

"어떻게 선생님이 너를 믿었다고 장담하는데?" 애니가 물었다.

"선생님 눈빛에 그렇게 쓰여 있었어. 또 그때부터 내게 하는 말투도 진지해지셨고."

"어쩜 네가 나를 도와줄 수 있을 것 같구나." 존이 브래드에게 말을 꺼냈다.

"내겐 오랜 친구가 한 명 있는데, 나에게 몹시 화가 난 것 같아. 아무래도 내가 자기에게 큰 잘못을 저질렀다고 생각하는 눈치야. 그런데 그게 뭔지 도통 말을 안 해 주는구나. 그 때문에 최근에는 연락마저 끊어졌단다. 너라면 어떻게 하겠니? 뭘 잘못했는지 몰라도 일단은 무조건 사과하는 게 좋을까?"

"고의든 아니든 잘못한 것이 없다고 느끼면서 사과하는 것은 옳지 않다고 생각해요."

"브래드, 네 말이 맞다. 단지 사람의 기분을 맞춰주려고 사과하면 안 되지." 하고 알버트 아저씨가 거들었다.

"존, 그건 자신에게 거짓말을 하는 것과 같아요. 혹시 잘못을 저질러 놓고도 그것을 직시하고 싶지 않아서 피하는 것은 아닌지 자기 자신에게 솔직히 물어본 적이 있나요? 사과를 해야 하는지, 말아야 하는지 확실치 않을 때는 그 문제부터 해결해야 해요. 결국은 그 친구와 예전처럼 잘 지내고 싶은 게

목적 아닌가요? 그렇다면 중재자를 사이에 두고 당신과 친구의 의견을 모두 들어보는 것도 좋은 방법이 될 수 있어요. 객관적인 입장에서 제3자가 효과적인 해결책을 찾아낼 수도 있으니까요."

알버트 아저씨의 명쾌한 방안을 듣고 난 게일이 입을 열었다.

"저는 회사 인사부에서 이사로 일하고 있습니다. 듣고 보니 '1분 사과'를 실행하면 회사 내 여러 가지 골치 아픈 문제를 효과적으로 해결할 수 있겠는데요. 그런데 말이죠. 함께 일하는 동료가 제가 뭔가 잘못을 했다고 저를 비방하고 다니는데 저는 전혀 기억을 못하겠어요. 이런 상황에는 어떻게 해야 합니까?"

알버트 아저씨가 잠시 생각에 잠긴 뒤에 대답했다.

"저라면 먼저 상대방을 찾아가 이야기를 들어보겠습니다. 상대방이 괜히 화낸다 싶어도 찾아가서 물어보고, 혹시나 잘못한 게 있다면 기꺼이 수용할 마음의 준비가 되어 있어야 합니다. 만일 이야기를 들은 후 자신이 잘못한 것을 알게 된다면 '고의가 아니었다. 하지만 어찌 됐건 기분을 상하게 해서 미안하다' 라고 말하세요. 그러면 선생님의 진심이 전달될 겁니다."

알버트 아저씨가 계속 말을 이었다.

"내가 잘못을 기억하지 못한다고 해서 상대방이 피해를 입지 않은 것은 아니거든요. 자신은 대수롭지 않게 여겨도 상대방에게는 큰 상처가 될 수 있죠. 또 상대방의 기분을 상하게 해 놓고는 바빠서 헤아리지 못하는 경우도 있고요. 예를 들어 누군가 의견을 내놓았는데 이를 일축해 버렸다고 칩시다. 비록 고의는 아니었다 해도 상대방은 자기를 무시한다고 생각하기 쉽죠. 자존심에 깊은 상처를 받았을 겁니다. 그럴 리야 없겠지만 선생님께서 혹시라도 이런 행동 패턴으로 쉽게 다른 사람에게 상처를 주는 분이라면 선생님의 잘못 때문이었을 가능성이 크지요."

애니가 말을 받아 제안했다.

"먼저 '나 때문에 기분이 상했다면 미안하다. 그것은 내 고의가 아니었다' 라는 사실을 분명히 알려주고 '잘못된 것이 있다면 바로잡고 싶다'고 확실하게 말씀해 보시는 게 어때요?"

"그런데 사과해야 할 사람이 내가 싫어하는 사람이면 어떻게 하지?" 게일이 물었다.

"처음부터 쉽지는 않겠지요. 하지만 자신이 좋아하고 안 하고는 문제가 안 돼요. 사과를 하는 이유는 그것이 옳기 때문에 하는 겁니다." 알버트 아저씨가 애니를 대신해서 말했다.

"다른 사람에 대한 부정적인 인상을 버릴 수 있도록 도움을 좀 받아야겠네요. 솔직히 그 사람 때문에 기운이 다 빠지거든요." 게일이 허허허 웃으며 말했다.

"만약 그 사람을 좋아하지 않는다면 왜 내가 그 사람을 좋아할 수 없는지 그 이유를 스스로에게 물어보세요." 하고 애니가 제안했다.

알버트 아저씨가 나나 할머니를 쳐다보았다.

"어머니, 어머니께서 겪은 이야기를 해 주시죠. 친구분들이랑 캐나다 브리티시 콜롬비아로 여행 갔을 때 이야기 말이에요."

"그래, 그래야겠구나. 나도 마침 그 이야기를 해 주어야겠다고 생각했단다."

나나 할머니가 이야기를 시작했다.

"25명이 한 팀이 되어 강을 따라 브리티시 콜롬비아 지역을 여행할 때였단다. 6월이었는데도 날씨가 매서울 만큼 차가웠어. 그해 겨울 캐나다는 폭설로 다른 때보다 강 수위가 높았지. 관광 가이드가 경고는 했지만 솔직히 우리들 중 그 누구도 여행을 그만두고 돌아갈 정도로 걱정한 사람은 없었어. 우리 팀에는 아이가 딸린 가족이 둘 있었고 나머지는 모두 부부지간이었어. 그 중에는 얼굴이 징그럽게 얽어 있는데다 심한 흉터까지 생긴 사람이 끼어 있었지. 무척 흉측했어. 꼬마 아이들은 늘 등 뒤에서 '괴물'이라며 소곤거렸어. 게다가 그 사람 목소리는 얼마나 무시무시했는지. 거칠고 쉰 목소리로 한마디 한마디 내뱉을 때마다 뱀이 속삭이는 것 같았으니까. 그 부부는 둘이서만 다니고 다른 사람들과는 조금도 어울리지 않는데, 오히려 그런 점에 모두들 마음을 놓을 정도였지. 여행 중에 한번은 봉고차로 비좁은 비포장도로를 두 시간가량 달려서 다음 코스로 이동해야 할 일이 생겼어. 그런데 도중에 우리들의 식량을 실은 트럭이 봉고차 앞에서 떡하니 버

티고 멈춰버렸단다. 고장난 트럭 때문에 봉고차가 지나갈 수가 없었지. 게다가 가장 가까운 마을도 수백 마일이나 떨어져 있어서 도움을 청할 수가 없었어. 여행이 끝나려면 9일이나 남았으니 우리가 안 온다고 걱정해 줄 사람도 없고, 게다가 휴대폰까지 먹통이지 뭐야. 서비스 구역을 벗어나서 연결이 통 되지 않았어. 그야말로 진퇴양난이었지. 그런데 한술 더 떠서 날씨까지 갑자기 추워지더구나. 급기야 눈까지 내렸지. 모두 벌벌 떨며 체온을 유지하려고 서로 부둥켜안았어. 물론 그 흉측한 남자랑 부인은 빼고 말이야. 그 사람들은 추운 날씨에도 불구하고 둘이서 어디론가 가버리더구나."

나나 할머니는 잠시 이야기를 중단하고 물을 한 모금 마셨다.

"가이드가 몇 번이고 트럭에 시동을 걸려고 애써 보았지만 매번 실패였어. 우리들은 점점 더 두려워지기 시작했지. 정말 이러다간 죽을 수도 있겠구나 싶었지. 이렇게 추위와 공포로 한참을 떨고 있는데 그 '괴물'이 돌아왔어. 그러더니 퉁명스럽게 '왜 아직도 이러고 있습니까?' 하고 물었어. 가이드는 왜 트럭에 시동이 안 걸리는지 모르겠다며 난감해했지. 그는 가

뜩이나 괴물처럼 생긴 얼굴을 더 흉측하게 찡그리고는 갑자기 트럭에 올라 시동을 걸기 시작했어. 물론 시동이 걸리지 않았지. 그러자 이번에는 자동차 보닛을 열고 뭔가 만지작거리더니 엔진을 떼어내는 거야. 모두들 새파랗게 질려버렸지. 꼬마아이들은 '괴물'이 엔진을 다 부숴버렸다고 울어댔지. 나는 화가 치밀어서 참을 수가 없었어. 그 사람에게 다가가서 뭘 하는 거냐고 따졌지. 그러나 그는 내 말을 무시하며 오히려 위협적인 목소리로 '핀셋이나 철사 머리핀을 가진 사람이 없는지나 알아보세요' 라고 말하더군. 말은 매정하게 했지만 눈은 반짝이고 자신감에 차 있었지. 그래서 나는 그가 필요로 하는 도구를 찾도록 도와줬어."

나나 할머니는 잠시 숨을 돌리더니 이야기를 계속했다.

"한 시간 후에 그는 훌륭하게 트럭을 고쳐놓았단다. 모두가 열광했지. 특히 꼬마들은 박수를 치고 '살았다!' 며 환호하고 난리법석을 쳤지. 그는 가만히 얼굴만 붉히고 있더군. 그러더니 처음으로 미소를 지으며 '별거 아닌걸요. 아무나 다 하는 거예요' 라고 말했어. 물론 아무나 할 수 있는 게 아니었지. 그때부터 그는 '괴물' 대신 '영웅'이라는 새로운 별명을 갖게 되었어."

할머니는 이야기를 하면서 빙그레 미소를 지었다.

"특히 꼬마들 사이에서 그는 절대적인 우상이었단다. 밤마다 아이들은 그 사람 곁에 몰려들어 그가 경험한 신나는 모험담에 푹 빠져들곤 했어. 산전수전을 다 겪은 듯 이야기보따리가 끝이 없었어. 나중에 알고보니 그는 소방관이었어. 얼굴의 심한 흉터는 불길에 휩싸인 8명의 유치원생을 구조하다가 입은 화상이었고……. 여행 마지막 날 밤, 우리 모두는 모닥불 앞에 옹기종기 모여 앉았어. 일행 중에서 가장 개구쟁이였던 꼬마가 벌떡 일어나더구나. 그때 그 아이가 했던 말을 지금도 잊을 수가 없어. 그 애는 '사람들이 다 모인 이 자리에서 그동안 '영웅'에게 못되게 대했던 것을 사과하지 않고는 저 자신을 용서할 수가 없습니다' 라고 말하더군. 그러면서 '영웅 아저씨는 제 생명을 구해주었을 뿐 아니라 사람을 함부로 판단하는 비뚤어진 저의 생각을 바로잡아준 은인이세요' 라고 말했어. 이야기를 듣던 우리의 영웅은 자리에서 일어나 그 아이를 번쩍 들어올리더니 넓은 품 안에 꼭 안아주었단다."

할머니는 감격스러운지 손으로 눈가를 찍으며 말했다.

"아이의 눈을 쳐다보며 영웅이 말했어. '내가 너만했을 때 나는 훨씬 더 짓궂었단다. 그리고 나도 너에게 사과할 일이 있구나. 여행을 함께하게 되었을 때 처음부터 내가 너무 무뚝뚝했어. 나는 너희들도 모두 내가 화상을 입은 뒤에 만났던 사람들과 똑같을 것이라는 선입견을 갖고 있었지. 그래서 너희들이 나에게 다가올 수 없도록 선을 그어놓았어. 나는 너희에게 진정한 내 모습을 알릴 용기가 없었단다. 나도 사과한다. 다시는 이런 실수를 되풀이하는 일은 없을 거다.' 그날 모두는 헤어짐이 아쉬워서 자리를 뜨지 못했지. 모두 여행이 끝나는 것을 안타까워했어."

젊은이가 말했다.

"왜 그랬는지 알 것 같아요. 사람들이 영웅을 믿은 거예요. 사람을 피하던 영웅이 어떻게 사람들과 적극적으로 어울리게 됐는지 그 변화를 지켜본 거죠. 영웅이라는 한 사람의 긍정적인 행동이 그 곳에 있던 모든 사람을 변화시킨 거예요. 그러니 누가 그런 시간을 끝내고 싶겠어요?"

"맞아. 진심으로 사과하고 자기 자신을 용서하며 상대방의 피해에 대한 보상을 하고 자신의 변화를 증명해 보이면 어느 틈엔가 마음의 평화가 찾아오지. 그러면 주변 사람들도 평화로워진단다."

나나 할머니가 이렇게 말하며 혼잣말처럼 중얼거렸다.

"마음의 평화를 얻기 위해 따로 돈이 드는 것도 아닌데 왜 그리 얻기가 힘든 걸까? 머리로는 이해하는데 가슴으론 왜 그리 멀게만 느껴지는지…… 참 이상하지?"

나나 할머니의 말에 모두 깊은 생각에 잠기는 듯했다. 그래서인지 캐럴 아줌마와 애니가 준비한 뷔페식 저녁식사 앞에서도 모두 조용히 음식을 가져다 먹을 뿐이었다.

'마음의 평화라. 지금 사장님이 갖고 있지 못한 것이군. 하긴 나도 마찬가지지' 하고 젊은이는 마음 속으로 생각했다.

간간이 포크 소리만 들리던 정적을 깨고 게일이 입을 열었다.

"만약 진심으로 하고 싶은 일이 생각났는데 때가 너무 늦어버렸다면 어떻게 하시겠어요?"

"글쎄요. 구체적으로 말씀해 주시겠어요?" 캐럴 아줌마가 물었다.

"10년 전, 제 직장동료가 남편을 잃었어요. 그때 저는 출장 중이라 장례식에 갈 수가 없었죠. 대신 위로하는 뜻으로 꽃과 편지를 보내야겠다고 마음먹었죠. 하지만 실행에 옮기지 못했죠. 그게 후회스러워서 늘 마음이 불편합니다. 지금은 행여 길에서 그 친구를 만난다 하더라도 미안해서 곧장 건물 뒤로 숨어버릴 것 같아요."

"일단 수화기를 들고 무조건 전화하세요." 캐럴 아줌마가 말했다.

"결코 남들이 '이렇게 생각할 것이다'라고 단정해서는 안 됩니다. 그토록 오랜 시간이 지났는데도 잊지 않고 전화해서 사과한다면 친구분은 오히려 크게 감동할 거예요. 그러면 친구와의 관계도 더 돈독해질 거고요. 끝났다고 생각했던 인간관계를 원상태로 회복시킬 수 있는 기회가 생기는 거죠."

"그렇다면 망설일 것 없이 전화를 해야겠군요." 게일이 후련하다는 듯 기쁜 표정을 지으며 덧붙였다.

"그리고 '1분 사과'는 여러 가지 면에서 직장에서의 문제를 해결하는 데에도 적용시킬 수 있을 것 같아요. 어제 한 젊은 영업부 부장이 제게 와서 조언을 구했습니다. 아랫사람이 획기적인 마케팅 아이디어를 내놓아서 상사에게 이를 보고했는데 깜빡하고 아랫사람의 이름을 말하지 못했대요. 그러다 최근에 승진을 했는데, 혹시 그 마케팅 아이디어 때문에 도둑 승진한 것이 아닌지 모르겠다며 고민하더군요. 상사에게도 죄송하고 부하직원에게도 미안해서 어떻게 사실을 털어놓을지 모르겠다며 전전긍긍하고 있었어요."

"그래서요?" 캐럴 아줌마가 무척 궁금한 듯 물었다.

"그 영업부장은 자신의 상사를 찾아가서 무슨 일이 있었는지 솔직하게 이야기했답니다. 그러자 상사는 부장에게 마케팅 아이디어보다 훨씬 훌륭한 점 때문에 승진한 것이니 마음에 두지 말라고 하더래요. 바로 그의 솔직함과 성실한 행동이 승진의 비결이었다고 말이죠. 그제야 그는 한시름 마음이 놓였답니다. 하지만 여전히 부하직원에게는 뭐라고 말해야 할지 고민하더군요. 휴가가 끝나 회사에 돌아가게 되면 그 친구에게 '1분 사과'에 대해 말해 줘야겠어요. 아마 큰 도움이 될 거예요."

회사 이야기를 듣자, 젊은이는 불현듯 걱정이 밀려오는 것을 느꼈다. 하지만 결과에 연연하지 말자는 다짐을 애써 되새기며 다시 대화에 열중했다.

존이 입을 열었다.

"우리 회사를 보면 사실 많은 문제가 사소한 것에서 시작해요. 직원들간의 언쟁이나 불쾌한 행동, 작은 실수나 사고, 뭐 그런 것들 말입니다. 때로는 고집불통으로 자기 생각만 밀고 나가다 마찰이 생기는 경우도 있죠. 혹은 깜빡해서, 아니면 순전히 몰라서 문제를 일으키기도 하구요."

"그런 경우 악의가 있는 것도 아닌데, 굳이 사과할 필요까지 있을까요?" 옆에서 듣고 있던 젊은이가 물었다.

그러자 애니가 젊은이를 뚫어지게 쳐다보며 물었다.

"만약 네가 어리석은 실수를 저질렀다면 너는 그 실수를 또 반복하고 싶겠니?"

"물론, 아니지." 젊은이가 대답했다.

"만약 네 실수로 다른 사람이 피해를 본다면 기분이 나쁘겠니?" 애니가 다시 물었다.

"그럼, 당연하지."

"그럼 답이 나왔네." 애니가 웃으며 말했다.

"하려던 말이 뭔데?" 젊은이가 물었다.

"고의든 우연이든 상대방에게 실수를 저질렀거나 피해를 입혔다면, 혹은 누군가를 무시했다면 이유를 막론하고 '1분 사과'를 해야겠네."

"그러니까 이런 거구나?" 젊은이가 정리해 말했다.

피해를 입힌 상대방에게
    사과하는 최선의 방법은
자신의 실수를 시인하고
후회한다고 밝힌 후
    앞으로
어떻게 행동을 바꿀지
설명하는 것이다.

존이 말했다. "그렇게 정리해서 말해 주니 머리에 쏙쏙 들어오는걸."

이에 젊은이가 덧붙일 말이 있다는 듯이 입을 열었다.

"사과하면 할수록 내 행동이 다른 사람에게 어떤 영향을 미치는지 분명히 알게 될 거예요. 그러면 사람들을 대할 때 좀 더 신중하고 조심하게 되겠죠. 그러다 보면 다른 사람들도 내 행동으로 인해 조금씩 바뀌게 되고 서로 기분 상할 일이 줄어들어 아예 사과할 필요가 없어질 거예요. 정말 훌륭한 '사과 방지 대책' 아니에요?"

"제대로 알았구나? 정말 훌륭하다." 알버트 아저씨가 젊은이에게 환한 웃음을 지으며 말했다.

존이 시계를 쳐다보았다.

"아니, 벌써 시간이 이렇게 됐네. 이제 가야겠군요. 오늘 정말 알찬 저녁식사를 했습니다. 쓸데없이 수다나 떠는 게 아니라 정말 큰 도움을 얻게 되어 얼마나 감사한지 모르겠습니다."

자리에서 일어난 게일은 현관문 앞에 이르자 알버트 아저씨를 돌아보며 말했다.

"다음 주에 전화해도 괜찮을까요? '1분 사과'를 회사의 인사정책에 반영하고 싶어서요. '1분 사과'를 실행하면 회사에 큰 도움이 될 것 같습니다."

"저야 그렇게 해 주시면 감사하죠." 알버트 아저씨가 흔쾌히 대답했다.

둘의 이야기를 듣던 젊은이는 무언가 생각난 듯 무리에서 살짝 빠져나와 또다시 노트에 적기 시작했다.

'1분 사과'를 실행하면 할수록
　　당신은 자신의 행동이
　　상대방에게 끼칠 영향을 깨달아
좀더 신중하고 조심하게 된다.

책임을 진다

*

일요일 아침, 젊은이는 천둥소리에 잠이 깼다. 컴컴한 회색 빛 하늘에 세찬 바람이 불더니 잠시 후 번개가 번쩍거렸다.

알람시계를 보니 6시 30분. 좀 이른 시각이었지만 더 이상 잠이 올 것 같지 않아 훌훌 자리를 털고 일어났다. 호숫가 별장에서 보내는 마지막 날이었다.

젊은이가 부엌에서 커피를 끓이고 있는데 뒤에서 인기척이 났다.

"역시 아침에는 커피 향보다 좋은 냄새가 없는 것 같아." 애니는 이렇게 말하더니 젊은이에게 물었다.

"꼭두새벽부터 뭐하는 거야?"

"내가 하고 싶은 질문인데?" 젊은이가 웃으며 대답했다.

"베란다에서 분위기 있게 커피 한 잔 어때?" 애니가 물었다.

"좋지. 나도 비 구경하는 게 좋아."

둘은 커피잔을 들고 베란다 문을 열고 나가 난간에 기대었다.

"그래, 여기에 온 목적은 달성한 것 같니?" 애니가 물었다.

"이 곳에 오는 비행기 안에서 정말 기대가 컸어. 너희 아버지의 조언 한마디면 내 문제 따위는 순식간에 날아가버릴 것이라고 믿었거든. 그런데…… 막상 이 곳에 와보니 비단 너희 아버지뿐만 아니라 모든 사람들이 나에게 조금씩 해답의 실마리를 던져준 것 같아."

"엄마는 늘 '배우려고만 들면 필요한 선생님은 언제든지 나타난다'고 말씀하셨어."

"이번 주에 정말 많은 것을 깨달았어. 자신에게 거짓말을 하면 다른 이에게 습관적으로 거짓말하게 된다는 것, 잘못을 저지르면 아무리 힘들어도 내가 실수했다는 사실을 인정해야 한다는 것 등등 말이야. 예전에는 실수를 하면 어떻게든 궁색한 변명으로 상황을 모면하려고만 했었어. 하지만 이제부터는 달라질 거야. 잘못을 저지르면 나의 행동을 진지하게 되짚어 보고 내 실수를 인정하고 내가 상처 입힌 사람에겐 최대한빨리 사과하도록 노력할 거야. 사과할 때는 내가 지금 어떤기분인지 솔직하게 털어놓고 상대방이 내가 진심으로 사과한다는 확신이 들 때까지 노력할 거야. 하지만 무엇보다도 내가배운 가장 귀한 교훈은 이거야. 피해를 입힌 상대방에게 '내행동이 바뀌었다'는 확신을 주지 못한다면 잃어버린 신뢰는결코 되찾지 못한다는 사실!"

"와, 정말 많은 것을 배웠구나." 애니가 감탄했다.

"네 기분 나도 이해할 수 있어. 가족들과 대화를 나누는 시간은 내게도 매우 소중해. 그러니까 시간만 나면 집에 오려고하지. 내가 부모님에게서 거듭 배운 교훈은 바로 죄책감이야."

"무슨 뜻이야?"

"사람들이 듣고 싶어하는 주제는 아니야. 어떤 문제가 발생했을 때 나에게 적용되는 부분, 그게 바로 죄책감이지. 다시 말해서 어떤 문제에 대해 자신이 책임질 부분 말이야. 사람들은 흔히 뭔가 올바르지 않은 행동을 했을 때 죄책감을 느낀다고 생각하기 쉽지만 사실은 해야 할 일을 안 해서 죄책감을 느껴야 하는 경우가 더 많아. 자기 자신과 다른 사람에게 솔직하지 못하다 보니 응당 해야 할 일을 피해 버리는 거지."

"맞아, 어떤 때는 솔직하게 진실을 말하는 것이 정말 어렵다는 생각이 들어서 차라리 입을 다물어버릴 때가 있어. 자기에 대해 나쁘게 말하는 것은 다들 싫어하니까. 대부분 기분 좋게 못 받아들이잖아."

젊은이는 애니의 말에 공감하며 이렇게 말하다가 갑자기 무언가를 깨달은 듯 다시 입을 열었다.

"아하, 애니! 너 지금 우리 사장님 문제에는 내 책임도 있다는 사실을 내 기분이 상하지 않게 돌려 말하는 거지? 내가 마땅히 해야 할 행동을 하지 않았다는 말을 하려고 말이야. 결국 내가 죄책감을 느껴야 할 부분이 있다는 뜻이지?"

"내가 왈가왈부할 문제는 아니라고 생각해. 나는 무슨 일이 있었는지도 모르잖아. 게다가 아버지는 결코 남의 비밀을 함부로 말하는 사람이 아니거든."

"그래도 네 말을 들으니 뭔가 찔리는 게 있는 걸. 내가 정말 죄책감을 느낄 부분이 없는지 잘 생각해 봐야겠다. 이 문제를 그냥 넘겨버리면 안 될 것 같아. 아, 생각해 보니 차라리 다른 사람을 비판하는 게 훨씬 쉬운 일이었던 것 같아."

"단기적으로 보면 그렇지. 하지만 장기적으로 볼 때는······ 휴, 아니다. 나머지는 말 안 해 줘도 될 것 같네."

"따끔한 충고 감사합니다." 젊은이가 장난스레 꾸벅 인사를 했다.

"별 말씀을요. 하지만 네가 시간 내에 알아내지 못한다 해도 큰 문제는 아니니 실망하지 마."

"알아. 하지만 나는 내일 아침까지 천재가 되어 모든 것을 다 알아야 해."

별안간 또다시 번개가 내리치더니 이어 고막을 찢을 듯한 엄청난 천둥소리가 들려왔다. 두 사람의 대화도 끊어졌다.

"설마 이렇게 번개가 내리치는데 아버지랑 골프 치러 가는 건 아니겠지?"

"내가 좀 지켜봐서 아는데 아마 네 아버지는 '오늘은 골프 치기에 가장 좋은 날씨구나. 골프장에 우리밖에 없을 테니' 라고 말하실 분이야."

"에잇, 설마 그럴까?" 애니가 젊은이를 툭 치며 웃었다.

바로 그 때 알버트 아저씨가 활기찬 목소리로 "와! 오늘은 골프장에 우리밖에 없겠는걸!" 하고 말하며 둘에게 다가왔다.

"봐, 내가 뭐랬어?" 젊은이가 애니를 보고 눈을 찡긋했다.

"아무래도 내가 널 너무 과소평가했나 봐. 넌, 내일 아침까지 천재가 되고도 남겠어." 애니가 키득거렸다.

캐럴 아줌마가 부엌에서 베란다로 나오며 물었다.

"아침부터 뭐가 그렇게 좋아서 웃니? 날씨 때문은 분명 아닐 테고!"

젊은이와 애니가 거실 안으로 들어가자, 맛있는 음식 냄새가 이들을 반겼다.

나는 소중하다

*

모두 식탁에 둘러앉았을 때, 젊은이가 어제 저녁 무척 성대한 식사를 베풀어 주어 고마웠으며, 이웃과의 대화도 매우 유익했다고 이야기를 꺼냈다.

"하지만 아직도 궁금한 게 있어요. 왜 사람들은 솔직하게 자신이 틀렸다는 것을 인정하지도 사과하지도 못하는 거죠?"

"내면의 문제라 할 수 있지." 알버트 아저씨가 대답했다.

"내면의 문제요?"

"자신에 대한 내면의 느낌, 즉 자신의 가치를 인식하는 과정이랄까?"

"그 가치 인식의 과정은 어떻게 일어나는데요?"

"네 가지 원인에서 비롯되지. 첫째는 운명이야. 이건 자신이 선택할 수 없는 문제지. 가령 나의 출생지, 부모, 성별, 피부색 같은 것 말이다. 둘째는 부모, 친척, 선생님 등 주위의 어른들과 함께 보낸 어린 시절의 경험이야. 셋째는 인생에서 겪은 성공과 실패고, 마지막 넷째는 위의 세 가지 경험을 본인이 어떻게 생각하느냐이지. 이 네 가지 중 무엇이 가장 강력하겠니?"

"넷째요."

"맞아. 사실 넷째 과정에서 사람의 모든 선택이 결정된단다."

"선택이요?" 젊은이가 잘 모르겠다는 듯이 물었다.

"그래 선택 말이다. 어떤 운명을 거쳤든, 어린 시절의 경험이 어떠했든, 혹은 인생에서 성공했든 실패했든 그런 것에 상관없이 자기를 스스로 소중히 여기는지 아닌지, 즉 자신의 가치를 어떻게 인식하느냐가 전적으로 선택의 문제야."

"그럼, 좋게 인식하면 되는 거잖아요. 왜 굳이 자기 자신을 부정적으로 인식하는 사람이 있는 거죠?" 젊은이가 물었다.

"그것 봐라. 새로운 시각을 가진 것만으로도 스스로의 가치에 대한 믿음이 어느 정도 솟아나잖니. 그건 너의 과거 경험과는 상관 없는 것이지." 캐럴 아줌마가 말했다.

"우리 할아버지께서 자주 하시는 말씀이 있었는데……." 브래드가 입을 열었다.

"사람이 객관적인 관점을 잃어버리고 본인이 세상의 중심이라고 여기는 순간, 자신의 자아를 통제할 수 없게 된대."

"좀더 구체적으로 말해 줄래?" 젊은이가 말했다.

"음, 거기엔 두 가지 이유가 있단다."

알버트 아저씨가 대답했다.

"첫째, 근거 없는 자만이지. 자신을 너무 과대평가하는 경우지. 동료들을 제치고 고속승진을 달리는 사람들이 주로 이유형에 속해. 이런 사람들은 일이 좀 잘됐다 싶으면 무조건 자기 덕이라고 주장하지."

"그런 사람들이 함께 일하기에 제일 피곤해요. 자기 자랑에 정신이 없거든요." 젊은이가 말하며 쿡쿡 웃었다.

"그렇고 말고." 알버트 아저씨가 동의하며 말을 계속했다.

"둘째, 끝없는 자기 부정. 자기 자신을 과소평가하는 스타일이지. 이 유형의 사람들은 끊임없이 자신을 보호하려고 신경을 곤두세워."

"음, 무슨 말씀인지 알겠어요. 자신을 과대평가하거나 과소평가하는 사람들은 사과하는 일을 어려워한다는 거죠?"

"딩동댕!" 애니가 끼어들며 말했다. "비뚤어진 자존심을 가진 사람들은 절대로 약점을 털어놓지 않아. 자기가 틀렸다는 사실을 인정하는 자체가 끔찍한 악몽이거든."

"자기를 과소평가하는 사람도 자기가 틀렸다는 사실을 못 받아들여. 사람들이 자기를 무능력하게 볼까 봐 두렵거든." 브래드도 덧붙였다. "어느 쪽이든 타인의 시선으로 자신의 가치를 결정한다는 점이 근본적인 문제야. 마치 본인의 능력에 다른 이의 의견을 합치면 자신의 가치가 결정된다는 식이거든. 그러니 다른 사람들의 반응에 따라 자신의 가치도 매일 변하지. 이런 사람들은 세상이 자기를 중심으로 도는 줄 알기 때문에 겸손할 수가 없어. 자기 중심적인 사람이 절대 깨닫지 못하는 진실이지."

겸손한 사람은
　자신의 가치를
　낮게 평가하는 사람이 아니라
자신에 대해
덜 생각하는 사람이다.

"그럼, 어떻게 해야 깨달을 수 있지?" 젊은이가 물었다.

"일단은 의도적이라도 '나'라는 사람과 자신의 행동은 별개라는 인식을 가져야 해." 알버트 아저씨가 말했다.

"나토를 말하는 건가요?" 젊은이가 물었다.

"정답이야. 바로, 결과에 연연하지 않기!" 알버트 아저씨가 이렇게 강조하며 이야기를 계속했다.

"상담하러 오는 부모들에게 '자녀분을 사랑하세요?'라고 물으면 언제나 웃어. 왜냐하면 답이 너무 뻔하니까. '부모가 자식 사랑하는 거야 당연하죠'라고 대답해. 그럼 또 내가 묻지. '자녀가 공부를 잘해야 사랑스럽고 공부를 못하면 사랑스럽지 않나요?' 그럼 그들은 또 웃어. '아니요, 공부를 잘해도 사랑스럽고 못해도 사랑스럽죠.' 이게 바로 조건 없는 사랑이야. 만약 네가 그렇게 조건 없이 자기 자신을 받아준다면 어떤 일이 일어나겠니?"

"우선 마음이 편안해지고 자신감이 생기겠죠."

"맞았어. 사랑이 조건에 따라 좌우된다고 생각하는 사람은 본인의 가치를 자신 있게 인정할 여유가 없어. 어떻게든 자기를 꾸미고 보호하려 애를 쓰지. 항상 완벽하고 다른 사람에게 좋은 인상을 남겨야 사람들이 자기를 좋아해 줄 거라고 생각하니까. 일생 동안 이런 강박관념에 시달린다고 생각해 보렴. 정말 끔찍하지 않니?"

"기분에 따라 자신의 가치를 결정하는 것이군요. 기분이란 극히 변덕스런 감정에 불과한 건데……."

"어느 정도는 그렇지."

상 치우던 일을 멈추고 테이블에 기대어 선 캐럴 아줌마가 젊은이를 쳐다보며 말했다.

"마침내 중요한 사실을 깨달았구나. 더 많이 인정받고 더 잘하고 더 많은 힘과 재산을 갖는다고 더 많은 사랑을 받는 것은 아니야. 너는 더할 수 없는 사랑을 통해 태어났거든. 신께서 설마 쓸모 없는 사람을 만드셨겠니?"

"아주머니 말씀이 맞아요. 오늘 제일 중요한 교훈을 배운 것 같은데요." 젊은이가 말했다.

"자네 사장도 그 교훈을 꼭 배워야 할 거야." 하고 알버트 아저씨가 빙그레 웃었다.

자기 자신에게 사과하기

✳

　젊은이와 알버트 아저씨 가족은 교회에 가기 위해 일어섰다. 아까부터 내리던 폭우가 여전히 세차게 쏟아지고 있었다. 알버트 아저씨는 이런 폭우 속에서 나나 할머니가 혼자 운전하는 것은 위험하다고 판단했다. 그래서 알버트 아저씨와 젊은이는 나나 할머니를 모시러 가고, 애니는 캐럴 아줌마와 브래드를 태우고 교회로 출발했다.

　안전벨트를 매면서 젊은이가 알버트 아저씨에게 말했다.

　"오늘 아침 애니한테 따끔한 충고를 들었어요. 애니 말을 들으니 제가 제대로 행동하지 않아 책임질 문제는 없는지, 사장님 문제에 제가 원인 제공을 하지는 않았는지 곰곰이 생각하게 돼요."

"하하하, 우리 마음씨 여린 애니가 어찌 그리 잔인한 말을 했을까?" 알버트 아저씨가 짐짓 과장된 표정을 지으며 믿을 수 없다는 듯 말했다.

"네, 여리고 여린 애니한테 한방 먹었어요. 쥐구멍에라도 숨고 싶을 만큼 창피하더군요."

"허허허, 나는 그런 것은 가르쳐 준 적이 없는데……."

"하하하, 그러셨겠죠."

알버트 아저씨의 농담에 유쾌하게 웃던 젊은이가 다시 진지하게 이야기를 시작했다.

"사장님 문제에 제 잘못도 있다는 생각이 들어요. 어찌 됐든 저도 시키는 대로만 했으니까요. 봉급이 깎일까, 일자리를 잃을까 염려되어 안 좋은 일이 하나도 일어나지 않는 양 행동했어요. 뭔가 잘못되고 있다는 것은 느꼈지만 모른척 했어요. 눈 가리고 아웅 하는 식으로 지금까지 지내온 거예요. 사장님이 깨닫지 못하면 저라도 솔직하게 말씀드렸어야 했는데 그러지 못했어요. 어쨌든 사장님이 문제에 휘말리도록 도운 셈이죠. 금요일 저녁 아저씨께서 하신 말씀이 딱 맞았어요. 사장님이 좋아하지 않을 만한 이야기를 꺼내는 것이 무서웠어요. 용기를 내서 솔직하게 말했다면 상황이 지금과는 많이 달라졌겠죠."

"자네가 일의 결과까지 결정할 수야 없지." 나나 할머니 집 앞의 비좁은 골목에 차를 대면서 알버트 아저씨가 말했다.

"하지만 생각이나 행동은 자네가 결정하는 거야. 자네는 자기 부정과 두려움에 사로잡혀 올바른 결정을 하지 못했어. 자네가 자신에게 완전히 솔직했다면 적어도 지금처럼 괴롭지는 않았을 거야. 사실 자네 회사에서 일어난 문제가 며칠 사이에 갑자기 발생하는 유형의 문제는 아니거든. 아마 자네뿐 아니라 다들 상황이 안 좋다는 것을 느꼈을 거야. 하지만 누구도 사장의 심기를 건드리고 싶지 않았겠지. 가만히 있는 보트를 누가 흔들고 싶겠니? 그나저나 사장은 진짜 어떤 사람이냐? 이 모든 일을 추스를 만한 인물이기는 한 거냐?"

"이런 일들이 있기 전까지는 진짜 사장님을 존경했어요. 신세도 많이 졌죠. 앞으로도 최선을 다해 모실 거예요. 하지만 아저씨 질문에 솔직히 답해 드리죠. 사실 저도 잘 모르겠어요. 최근 몇 년 동안 사장님은 아저씨께서 말씀하신 비뚤어진 자존심에 사로잡혀 있으신 것 같기도 해요. 언제부턴가 자기 중심적으로 생각하고 자리나 지위에 대한 집착이 점점 강해지기 시작했어요. 제가 진작 충고를 드렸어야 했는데 주제 넘는 일이 아닌가 싶어 가만히 있었던 게 잘못이었어요."

"너무 자책하지 마라. 사장은 비뚤어진 자존심에 사로잡혔고 자네는 계속되는 자기 부정으로 두려워했을 뿐이야. 두 사람 다 잘한 일이 아니니 자기 자신에게 먼저 사과해야겠구나. 사과하고 나서는 같은 실수를 반복하지 않겠다고 다짐해야 한다. 그런 다음, 자신의 행동을 변화시켜서 자기 자신에게나 다른 사람에게 끼친 피해를 보상해야지, 안 그래? 이게 문제를 푸는 올바른 방법이야."

"유익한 조언 감사드려요. 하지만 사장님께 이런 충고를 해 드리면 어떤 반응을 보이실지 좀 불안해요."

젊은이의 말에 알버트 아저씨가 물었다.

"여기서 며칠 보내고 나니 소감이 어떠니? 처음 왔을 때보다 한결 나은 것 같니, 아니면 더 나빠졌니?"

"그야 말하나마나 훨씬 낫죠. 여러 가지로 너무 감사해요. 앞으로 제가 어떻게 처신해야 할지 분명해졌어요. '1분 사과'를 배운 덕에 정말 제 마음 속에 큰 변화가 일어났어요."

"어떤 면에서?"

"제 자신이 달라졌어요. 생각하는 방식부터 달라졌거든요."

"흠, 생각하는 방식만? 행동은 아니고?" 알버트 아저씨가 조금 짓궂게 물었다.

아저씨의 의도를 알아챈 젊은이는 겉으로는 아무런 대답도 하지 않았지만 속으로는 어떻게 행동을 바꾸어야 할지 진지하게 생각해 보기 시작했다.

빗발은 점점 더 거세져 굵은 장대비가 쏟아지고 있었다. 젊은이는 급히 차문을 열고 나와 나나 할머니를 모시러 뛰어나갔다. 현관 앞에 도착하자 문이 열리며 할머니가 나왔다. 젊은이는 할머니께 우산을 받쳐주며 차 앞까지 정중히 모셔 왔다. 일행이 탄 차는 교회를 향해 출발했다.

상대방에게 사과 받기

*

차 안에서 젊은이가 입을 열었다.

"두 분 모두 제가 사과의 위력을 깨닫는 데 큰 도움을 주셨어요. 그런데 말이죠, 본인은 응당 사과를 받아야 한다고 생각하는데 상대방이 사과하지 않으면 어떻게 하죠? 어제 저녁 잠자리에 들었을 때 문득 이런 생각이 들더군요. '잘못한 사람이 용기가 없어서 자기 잘못을 시인하지도 않고 사과도 하지 않으면 어쩌지? 그러면 상대방은 마음 속으로 끙끙 앓으며 얼마나 깊은 상처를 받을까?' 하고 말이에요. 이런 경우에는 어떻게 해야 하죠?"

알버트 아저씨가 그 말에는 대답하지 않고 젊은이에게 물었다.

"골치 아픈 문제가 있는데 해결하지 않고 내버려두면 기분이 어떨까? 잠깐 기분 나쁘다가 말까, 아니면 계속 괴로울까?"

"아무래도 계속 신경이 쓰여서 괴롭겠죠."

나나 할머니가 말했다.

"미움은 날이 갈수록 곪아가다가 결국 사람을 만신창이로 만든단다. 하지만 일단 미움을 해소하면 순식간에 모든 나쁜 감정과 두려움이 마술처럼 순식간에 사라지지."

"'진리가 너희를 자유케 하리라'는 말이 있듯이 말이야." 알버트 아저씨도 거들었다.

"백 퍼센트 공감하는 바예요." 젊은이가 말했다.

"누군가에게 오랫동안 실망하거나 분노를 느꼈을지라도 그 감정을 훌훌 털어버리고 나면 속이 후련해져요. '아, 복잡한 마음이 사라져서 너무 좋다'라는 말이 저절로 나오죠. 하지만 앙금처럼 남아 있는 감정을 처리하는 게 쉽지만은 않을 거 같아요. 무슨 좋은 해결책이 없을까요?"

나나 할머니가 입을 열었다.

"내 생각에는 말이야, 두 가지 결단을 내릴 필요가 있는 것 같다. 첫째, 다른 사람의 실수를 용서하고 묻어둘 것."

"용서가 어디 그리 쉬운가요?"

"아무래도 용서하는 법을 배우러 여기에 또 와야겠구나."

알버트 아저씨가 껄껄 웃으며 끼어들었다.

"아이고, 그럼 주말 갖고 되겠니?" 나나 할머니도 웃으며 거들었다.

잠시 후 웃음을 멈추고 알버트 아저씨가 진지하게 설명을 이어갔다.

"누구도 완전할 수 없다는 사실을 기억해야 해. 사실 대부분의 사람들은 너희 사장처럼 자신의 문제에 사로잡혀 다른 사람의 기분을 헤아릴 여유가 없어. 하지만 일단 다른 사람의 사정을 이해하고 잘못을 용서하면 짓눌렸던 감정이 사라지고 새로운 삶을 살 수 있게 된단다."

"아무리 그래도 사과를 꼭 받아야 용서할 것 같은 기분이

들 때는요?"

"그럴 때도 있겠지. 분노나 안 좋은 느낌은 그냥 사라지는 게 아니니까."

나나 할머니가 말했다.

"그래서 둘째 결단이 필요하단다. 자신이 어떤 기분인지 상대방에게 솔직하게 털어놓는 거야."

"사과하라고 요구하라는 뜻인가요?"

"그래. 상대방이 어떤 실수를 저질렀고, 그래서 내 기분이 어떻게 상했는지 솔직하게 말하는 거야. 이건 상대방뿐 아니라 자신을 위한 일이기도 해." 알버트 아저씨가 말했다.

"그러다가 상대방이 제가 한 말을 꼬투리 잡아 공격하면 어떻게 해요?"

"그 점이 모두가 두려워하는 바이지." 할머니가 말했다. "하지만 한번 해 볼 만하지 않니? 기분 나쁜 감정을 붙잡고 있어 봤자 상처받는 것은 자신뿐이잖아."

"조금 이해가 되는 것도 같아요." 젊은이가 고개를 끄덕였다.

알버트 아저씨가 말했다.

"상대방에게 진실을 말할 용기가 있다면 그건 자기 자신을 존중한다는 뜻이야. 당당하게 사과를 요구한다는 사실 그 자체는 '나를 이렇게 대했으면 좋겠다'라고 말하는 것이고 '자신이 상대방과의 관계를 얼마나 소중히 여기는지 상대방에게 상기시켜 주는 것'이며 따라서 '네가 이 관계를 지속시키고 발전시키기를 원한다'라는 의사를 표시하는 거야."

"오늘도 귀한 정보를 하나 건졌는데요."

젊은이는 수첩을 꺼내 알버트 아저씨의 말을 받아 적었다.

상대방에게 솔직하게
　자기의 기분을 표현하는 것은
　자신을 존중하는 일이고
상대방과의 관계를
소중히 여긴다는 뜻이다.

알버트 아저씨가 덧붙여 말했다.

"자신의 의사를 말할 때는 '네가 이렇다'라고 말하지 말고 '내가 이렇다'라고 말하는 게 좋아. 예를 들어 '나는 너와 좋은 관계를 유지하고 싶어. 그런데 너의 이런 점이 나를 화나게 만들어서 난 힘들어'라는 식으로 말이다."

"그렇게 했는데도 상대방이 사과를 안 하면 어떡하죠?"

뒷좌석에 앉은 나나 할머니가 말했다.

"이 시점에서 중요한 것은 사과를 받고 안 받고 하는 게 문제가 아냐. 상대방에게 네 기분이 좋지 않다는 사실을 상기시키고 행동을 바꾸도록 다짐하게 만드는 것이 중요하지."

"그렇게 해도 아무런 반응이 없으면요?"

"네게 상처를 주었다는 사실을 알고도 잘못을 만회해야겠다는 생각을 못할 만큼 상대방이 너와의 관계를 하찮게 생각한다면 그 관계는 다시 생각해 봐야 하지 않겠니?" 알버트 아저씨가 일침을 가했다.

"아, 결국 중요한 건 상대방과의 관계라는 말씀이시죠? 그러니까 자기 자신과 상대방에게 솔직해져야 하고요."

"백점이다!" 알버트 아저씨가 흐뭇한 웃음을 지었다.

심도 있는 대화를 하는 사이에 어느새 교회에 도착했다. 나나 할머니가 말했다.

"이번에 오신 목사님의 설교가 정말 기대되는구나. 교회 신도들 사이에서 새 목사님 칭찬이 자자하더라고. 오늘 예배가 아주 유익할 것 같아."

사과는 빠를수록 좋다

*

    나나 할머니의 안목은 대단했다. 할머니의 예상대로 목사의 설교는 훌륭하고 감동적이었다. 특히 목사의 마지막 말이 젊은이의 가슴에 와 닿았다.

    "어렸을 때…… 저희 할머님은 블루마블 게임을 정말 잘하셨습니다. 할머니랑 게임을 하면 저는 여지없이 지고 말았죠. 게임 막판에 가면 브로드웨이, 파리 할 것 없이 모두 할머니가 사들였습니다. 게임이 끝나면 할머니는 빙그레 웃으시며 '얘야, 너도 언젠가는 게임을 어떻게 하는 건지 배우게 될 게야'라고 말씀하셨습니다."

목사는 잠시 뜸을 들인 뒤, 이야기를 계속했다.

"어느 여름날, 옆집에 새로운 사람들이 이사를 왔습니다. 그 집에는 나만한 또래가 있었죠. 우린 금세 친구가 되었고요. 그런데 알고 보니 그 친구도 블루마블 게임의 명수더군요. 그 친구랑 매일 게임을 했습니다. 당연히 실력이 부쩍부쩍 늘었죠. 그러던 어느 날, 할머니께서 우리집에 놀러 오신다는 소식을 듣게 되었습니다. 그때부터 가슴이 막 두근두근 뛰었어요. 이제야 원수를 갚을 날이 왔으니까요, 후후후. 할머니께서 집에 오시던 날, 저는 할머니를 보자마자 달려나가 힘껏 껴안은 후 대뜸 '할머니, 블루마블 게임해요!' 하고 졸랐습니다. 그 순간 할머니의 눈이 반짝거리던 것을 지금도 잊지 못하겠어요. 아무튼 신나게 판을 펴고 게임을 시작했습니다. 물론 이번엔 제가 그렇게 만만하지 않았습니다. 게임이 끝날 때쯤 판세가 완전히 제 쪽으로 기울더군요. 모든 도시를 제가 사들였어요. 압도적인 승리였죠. 정말 제 인생에 최고의 날이었습니다."

목사님은 지금 생각해도 신이 난 듯 목소리가 우렁찼다.

"게임이 끝나고 할머니께서 빙그레 웃으셨어요. 그러면서 '얘야, 이제 어떻게 게임을 하는 건지 배웠구나. 그렇다면 너에게 인생에 대해 한 수 가르쳐주마. 자, 이제 모든 것을 상자로 되돌릴 때로구나' 하고 말씀하셨어요. 저는 이 말에 어리둥절해져서 '뭐라고요?' 하고 물었지요. 그러자 할머니는 '네가 사들인 모든 것, 네가 쌓은 모든 것을 원상 복귀시켜야 한단다. 이제 게임이 끝났으니 모두 상자 안에 넣어야 하지 않니?' 하고 말씀하셨어요."

어린 시절 이야기를 마친 후 목사가 물었다.

"여러분, 이것이 인생이지 않습니까?"

목사님의 목소리가 높아졌다.

"여러분이 부자가 되고, 남에게 인정받으려고 부와 명예를 좇아 아무리 애쓰고 발버둥쳐도 인생은 끝나게 되어 있습니다. 모든 것이 상자 안으로 돌아가야 할 때가 있는 것입니다."

여기까지 말한 후 목사는 잠시 말을 멈추더니 신도들 앞으로 몇 발자국 다가왔다. 그러더니 엄숙한 목소리로 말했다.

"평생 남는 것은 여러분의 영혼뿐입니다. 여러분이 사랑하고, 여러분을 사랑하는 사람을 쌓아놓아야 할 곳은 바로 여러분의 영혼입니다."

　예배가 끝난 후 세차게 퍼붓는 빗줄기를 뚫고 집으로 돌아오면서 한동안 젊은이는 한마디도 하지 않았다. 자동차 앞 유리창을 닦는 와이퍼의 쓱싹거리는 소리가 가끔씩 차 안의 적막을 깨고 들릴 뿐이었다.
　잠시 후 낮은 목소리로 젊은이가 말했다.
　"오늘 목사님께서 설교 끝부분에 하신 말씀이요, 그 한마디 말씀이 주말 내내 우리가 이야기했던 모든 주제를 요약 정리해 놓은 것 같지 않으세요?"
　"그래, 그렇더구나." 알버트 아저씨가 대답했다.
　"아무리 능력이 뛰어나고 주위의 인정을 받고 재물을 쌓아놓아도 결국은 모든 것이 상자 안으로 돌아간다니……. 정말 제대로 살아야겠다는 생각이 들어요. 때로 자기 것만 고집하다가 잘못된 길을 갈 때가 있잖아요? 그때 잘못 가고 있다는 사실을 깨달으면 그 즉시 잘못을 인정하고 궤도를 수정해야겠어요. 빨리 인정하면 할수록 결국 나나 상대방이 상처를 적게 받고 신뢰회복을 할 시간도 짧아질 테니까요. 모든 관계를 회복하는 길은 솔직히 자신이 틀렸음을 인정하고, 사과하고, 자신의 행동을 바꾸어 가는 것뿐이라는 것을 깨닫게 되네요."

나나 할머니가 말했다.

"그게 바로 '1분 사과'의 백미란다. 이 사실을 깨닫는 것이 너와 네 주변의 삶을 변화시킬 수 있는 최상의 방법이야."

차 안에는 다시금 정적이 흘렀다. 집에 도착할 때까지 모두 약속이나 한 듯 말을 아끼고 깊은 생각에 빠져들었다.

고마움을 표시하는 방법

*

　별장에 도착했을 때도 거센 비바람은 좀처럼 수그러들 기미를 보이지 않았다. 일행은 세찬 폭우를 피해 서둘러 집 안으로 들어갔다. 그 순간 젊은이의 핸드폰이 울렸다. 사장이었다. 젊은이는 잠시 불안한 표정을 짓고 알버트 아저씨를 바라보더니 방에 들어가 전화를 받았다.

　몇 분 후 젊은이가 방에서 나왔다.

　"괜찮은 거냐?" 알버트 아저씨가 물었다.

　"네, 그런 것 같아요. 사장님께서 폭풍주의보를 보시고 전화 주셨어요. 여행 갔다 괜히 잘못되는 것 아니냐고 걱정하시면서요. 혹시 회의에 참석하지 못하더라도 이해해 주시겠대요. 참 그리고요……"

젊은이의 얼굴 가득이 환한 웃음이 번졌다.

"링컨 이야기를 아주 감동적으로 읽으셨대요. 도움이 많이 되었다고 하시네요. 가족들에게도 들려주셨고 오늘도 자기 전에 몇 번 더 읽으실 거래요."

알버트 아저씨가 기뻐했다.

"좋은 소식이구나. 이제 자기의 문제에만 사로잡히지 않고 더 객관적인 시각에서 문제를 바라볼 마음의 준비가 되었다는 뜻이니 말이다."

"저도 그랬으면 정말 좋겠어요. 그런데 목소리는 차분한데 기운이 없으신 것 같아 걱정이에요."

"감정적으로 소진된 것이겠지." 나나 할머니가 말했다.

"네, 할머니. 왜 안 그렇겠어요? 만약 이 곳에 오지 않았다면 저도 마찬가지였을 거예요. 사장님보다 더 지쳐 있을지도 모르죠. 늘 어디론가 떠나고 싶다는 마음만 있었을 뿐 실천한 적은 그다지 없는 것 같아요. 야외로 나가 머리를 맑게 하는 게 얼마나 중요한지는 이번 주말 여기에 와서야 깨달은걸요."

캐럴 아줌마가 밖의 날씨를 살피며 심상치 않다는 듯 걱정했다.

"아무래도 일기예보를 다시 확인해 봐야겠어요."

그러자 알버트 아저씨가 브래드에게 라디오에서 일기예보를 들어보라고 지시했다.

잠시 후 브래드가 방 안에서 나오면서 말했다.

"어쩌죠? 폭풍이 한 이틀간은 더 지속된대요."

젊은이는 집으로 돌아갈 일이 걱정되었다. 그래서 공항에 전화를 걸어본 뒤, 수화기를 내려놓으며 말했다.

"큰일이네요. 폭풍이 쉽게 지나갈 것 같지 않아요. 항공편이 취소됐대요. 혹시 근처에 가까운 기차역이 없나요?"

"한 곳이 있긴 한데." 알버트 아저씨가 말했다.

젊은이는 서둘러 기차역에 전화를 걸었다. 막차가 두 시간 이내에 출발한다는 말에 젊은이는 황급히 기차표를 예매하고 콜택시를 불렀다. 그런 다음, 방으로 가서 재빨리 짐을 싸고 집으로 돌아갈 채비를 한 뒤, 거실로 나왔다.

"아쉽게도 생각했던 것보다 일찍 떠나야 할 것 같아요."

젊은이가 서운함이 가득 밴 목소리로 말했다.

"아빠가 빗속에서 골프 치자고 할까 봐 도망가는 거지?" 애니가 농담을 하며 젊은이를 위로했다.

"좋아, 뭐 할 수 없지. 이번에만 특별히 봐주는 거야. 다음

번엔 무슨 일이 있어도 빗속에서 골프 치기다!"

브래드가 이렇게 말하자 모두 웃음보를 터뜨렸다.

"다시 돌아오고말고. 원한다면 빗속에서 골프 치는 게 문제겠어?" 젊은이도 아쉬운 마음을 거두고 밝게 웃으며 말했다.

밖에서 대기하고 있던 택시가 빨리 나오라고 재촉하듯 크랙슨을 울려댔다.

젊은이는 알버트 아저씨에게 다가가 손을 잡았다.

"아저씨, 행운을 빌어주세요."

"너는 이 곳에서 행운과는 비교도 안 되는 보물을 얻었잖니. '1분 사과'에 대한 깨달음 말이다."

알버트 아저씨가 웃으며 말했다.

"사과뿐인가요. 이제 뭘 해야 할지도 배웠는걸요."

젊은이가 고마움이 가득 담긴 표정으로 말했다.

"맞아. 자네가 배운 것은 이제 자네 존재 깊숙이 새겨져 있어. 앞으로는 필요할 때마다 꺼내보기만 하면 돼."

"지금도 다시 꺼. 내. 주. 셔. 서 감사해요." 젊은이가 웃으며 말했다.

"고맙다면 '1분 사과'를 스스로 실천하고, 배운 것들을 다른 사람에게도 꼭 알려주게. 그거면 난 만족해."

"꼭 그럴게요."

젊은이는 별장 식구들과 하나하나 아쉬운 작별인사를 나눈 후, 가방을 집어들고 대기하고 있던 택시를 타기 위해 굵은 빗속을 뛰어갔다.

기차역으로 향하는 차 안에서 젊은이는 다시 한 번 지난 이틀 동안 배운 것들에 대해 감사해했다. 그러나 막상 기차에 올라타니 조금씩 불안감이 밀려들기 시작했다. 과연 회사에 돌아가서 계획대로 잘할 수 있을지 점점 자신이 없어졌다. 하지만 알버트 아저씨에게서 배운 깨달음이 반드시 자신과 사장을 도울 것이라며 애써 마음을 다잡았다. 젊은이는 수첩을 꺼내 기록해 둔 내용을 다시 한번 머릿속으로 정리해 보았다. 수첩을 읽다 보니 다시금 굳은 의지가 샘솟았다.

'사장님께서 내 말을 안 들으려고 하실지도 몰라. 하지만 나는 더 이상 결과에 연연해하지 않을 거야. 옳은 일이니까 할 뿐이야.'

생각이 여기에 미치자, 젊은이의 입가에 별안간 미소가 떠올랐다. 다른 사람들의 시선이 어떻든 자신은 꽤 괜찮은 사람이라는 사실이 생각난 것이다. 그는 수첩을 꺼내 자신의 가치를 인식하는 데 필요한 내용이 있는 부분을 펼쳐서 읽고 또 읽으며 마음을 편히 가졌다.

자신의 가치를
깨닫기 위한 네 가지 원칙

1. 나의 가치는 나의 능력이나 다른 사람의 시선에 따라 결정되는
   것이 아니다.

2. 실수를 저지르면 결과에 상관없이 언제든지 이를 인정할 마음의
   준비가 되어 있어야 한다.

3. 나는 나의 가치를 낮게 평가하는 게 아니라 자신에 대해 덜
   생각할 뿐이다.

4. 더 많이 성공하고, 더 많이 인정받고, 더 많은 힘과 재산을
   가진다고 해서 반드시 더 많은 사랑을 받을 수 있는 것은 아니다.
   나는 이미 더할 수 없는 사랑을 받고 있기 때문이다.

제4장

'1분 사과'를 통한 상황 대반전

사장과의 대화

*

    월요일 아침, 젊은이는 정확히 7시에 사무실에 도착했다. 지난밤에는 사장에게 건의할 말을 생각하느라 밤새 뜬눈으로 지새운 터였다. 젊은이는 사장실로 가는 긴 복도를 따라 걷다가 좀 낯선 기분에 휩싸였다.

    '휴일이라 그런지 사무실에 아무도 없군. 이렇게 쥐 죽은 듯 조용한 곳이 내일이 되면 엄청난 혼란에 휩싸일지 몰라. 그 누가 이런 사실을 상상이나 할 수 있겠어?'

    이렇게 생각에 잠겨 걷다 보니 어느새 사장실 문 앞에 다다랐다. 젊은이의 눈에 어지러이 널부러져 있는 문서들이 들어왔다. 책상과 회의탁자 위에 각종 보고서와 리포트, 도표들이 한가득 펼쳐져 있었다. 아무래도 사장은 한숨도 못 자고 일한 듯싶었다. 어젯밤뿐 아니라 주말 내내 밤을 지새운 것 같았다.

사장은 젊은이를 발견하고는 의외라는 듯 조금 놀란 눈으로 쳐다보더니 곧 만면에 환한 웃음을 지었다.

젊은이는 사장을 쳐다보며 '저 웃음이 얼마 만이지?' 하고 생각에 잠겼다. 그 웃음을 마지막으로 본 것이 기억나지 않을 정도로 오래되었다는 것을 느꼈다.

"무사히 돌아와서 기쁘네."

사장은 자리에서 일어나며 젊은이를 반갑게 맞았다.

"자네가 못 돌아올지도 모른다고 생각했어. 뭐, 그래도 이해했을 걸세. 참, 링컨 이야기를 보내줘서 정말 고맙네."

"사장님이 그 이야기를 읽으셨다니 저도 기쁩니다."

"내가 얼마나 큰 도움을 받았는지 자넨 아마 상상도 못할 걸세. 처음 팩스로 링컨 이야기를 받았을 때 나는 사직서를 쓰던 중이었어. 하지만 링컨이 어떻게 실수를 처리했는가 하는 대목에 이르자, 정신이 번쩍 들더군. 그래서 사직서를 내는 것이 과연 올바른 결정인지 고민하게 되었지. 아직도 결정을 못 내렸네. 머리가 복잡해."

"사장님의 심경, 얼마든지 이해합니다. 그래서 오늘 제가 여기 온 겁니다. 저는 지난 주말 동안 정말 많은 것을 배웠습니다. 사장님께도 큰 도움이 될 거라고 확신합니다. 하지만 제가 배운 것을 사장님께 말씀드리기 전에 한 가지만 약속해 주셨으면 좋겠습니다. 듣다 보면 분명 언짢은 내용도 있을 겁니다. 그래도 끝까지 참고 들어주십시오."

젊은이가 결의에 찬 표정으로 말했다.

"자네가 아무리 심한 말을 해도 지난 며칠 동안 내가 했던 자책에 비하면 아무것도 아닐 걸세. 오히려 나는 자네가 솔직하게 다 이야기해 주었으면 좋겠어."

"제가 지난 주말 배운 첫째 교훈은 먼저 사장님께 사과해야 한다는 것입니다. 일전에 사장님께서는 제 솔직함을 높이 산다고 말씀하셨지요? 하지만 최근 저는 저 자신에게나 사장님께 솔직하지 못했습니다. 제 책임이 크다고 생각합니다. 사장님이 중요한 문제의 결정권을 갖고 계신다 해서 전적으로 모두 사장님 책임이라고는 할 수 없기 때문입니다. 상황이 잘못되어가고 있다는 사실을 진작 알았지만 진실을 말할 용기가 없었습니다. 더 일찍 말씀드리지 못한 점, 깊이 후회하고 있습니다. 섣불리 말했다가 사장님이 저를 신뢰하지 않으면 어쩌나? 직장을 잃지는 않을까 두려웠습니다. 죄송합니다. 다시는 이런 일이 없을 거라고 약속합니다."

"고맙네." 한참을 가만히 듣고 있던 사장이 말했다.

"사장님께 몇 가지 제안을 하고 싶습니다. 오해하지 마시고 제가 말하는 내용을 있는 그대로 들어주셨으면 합니다."

"제안이라고?" 사장이 의아한 표정을 지으며 물었다.

"네, 이사회에 사과하십시오." 젊은이는 결연한 표정을 지으며 말했다.

"나도 그래야 한다고 생각하네. 하지만 어떻게 해야 링컨처럼 자신의 마음을 전달할 수 있을지 그 방법을 모르겠어."

"그렇다면 사장님께서 사람을 제대로 찾으신 것 같은데요." 젊은이가 씩 웃으며 말했다. "주말 내내 제가 배운 교훈이 바로 그 부분이거든요."

젊은이는 한 시간이 넘도록 사장에게 '1분 사과'에 대해 배운 것을 설명해 주었다. 열심히 귀 기울여 듣고 있던 사장이 깊은 안도의 숨을 내쉬며 말했다.

"주말 내내 고민해도 도저히 모르겠던 부분을 자네가 시원스레 말해 주었군. 마치 잃어버린 퍼즐 조각을 찾은 기분이야. 사실 자네가 '1분 사과'에 대해 배우는 동안 나도 손놓고 있었던 것은 아니었네. 여러 가지 계획을 세웠지. 어떻게 현재의 난국을 타개하여 회사를 회생시킬 것인가, 어떻게 악재를 호재로 만들 것인가 등등 여러 가지 비즈니스 계획을 세워 보았네. 하지만 아무리 계획이 좋아도 내가 이사회의 신용을 얻지 못하면 무슨 소용이 있겠나? 그런데 자네도 알다시피 지난 주 금요일에 내가 워낙 큰 실수를 하지 않았나. 이제는 무슨 계획을 내놓든 이사회에서 들어줄지 의문이야."

젊은이는 대답을 찾는 듯 잠시 아무 말 않더니 입을 열었다.

"진심으로 사과하면 받아들여 줄 거예요. 워낙 중요한 사안이고 시간도 촉박해서 조금 힘들 수도 있지만요."

1분 사과는
　실수를 만회할
　가장 효과적인 방법이며
인간관계에 필요한 신뢰를
재구축할 수 있는 지름길이다.

사장이 젊은이를 쳐다보며 말했다.

"내가 잘못했다는 것은 뼈저리게 느끼고 있네. 얼마나 많은 사람들에게 상처를 줬는지 그걸 생각하면 나도 마음이 아파. '1분 사과'에 대해 구체적으로 알려주겠나?"

"물론입니다."

젊은이가 '1분 사과'의 방법에 대해 진지하게 이야기를 펼쳐나갔다. 사장은 이야기 중간중간에 많은 질문을 했다. 대화를 하면 할수록 젊은이는 사장이 얼마나 진심으로 사과하는 방법을 배우고 싶어하는지 느낄 수 있었다. 사장은 어려운 상황을 슬쩍 빠져나가는 처세술을 배우려는 것이 아니었다. 한 자라도 놓칠세라 신중하게 듣는 그의 모습에서 절박함과 진지함이 전해져왔다. 젊은이는 안심했다. 만약 사장이 대충 상황을 모면할 해결책만 찾는다면 '1분 사과'는 오히려 부작용만 일으킬 것이었다.

젊은이가 이야기를 마치자 사장이 결심을 굳힌 듯 젊은이를 바라보며 말했다.

"오늘 내내 내일 이사회 앞에서 어떻게 '1분 사과'를 실행

할지 깊이 고심해 봐야겠네. 나도 자신에 대해 완전히 솔직하다는 확신을 갖고 싶어. 그동안 자네는 여기 남아서 구조조정 계획을 세우는 걸 돕지 않겠나? 곧 다른 임원들도 여기에 모이기로 했다네."

"제가 도움이 된다면 얼마든지 있겠습니다."

"도움이 되고말고. 향후 며칠, 혹은 몇 개월간 진행시켜야 할 계획을 세우는 데 자네가 없으면 큰일나지."

잠시 후 각 부서 팀장들이 속속 도착하자, 즉시 회의가 시작되었다.

"여러분, 쉬는 날에도 회사에 나오시느라 수고가 많습니다. 며칠 전 제 실수만 없었으면 안 해도 될 걸음인데 정말 죄송합니다."

급작스런 사장의 사과에 젊은이는 깜짝 놀랐다. 사장이 이사회에다 사과할 줄은 예상하고 있었지만 팀장들 앞에서까지 용서를 구하리라고는 전혀 예상치 못했던 터였다. 사과하는 사장의 모습은 조금 어색했지만 그래도 그가 진심이라는 사실만큼은 분명하게 느낄 수 있었다. 그는 자신이 틀렸다는 점을 모두 앞에서 인정하고 앞으로 회사를 위해 최선을 다하겠다고 말했다. 돌연한 사장의 사과에 팀장들도 놀라기는 마찬가지였다.

모두 송구스럽다는 표정을 짓고 웅성거리자, 한 팀장이 입을 열었다.

"자 여기에 회의하러 오지 않았습니까? 어서어서 시작합시다."

그의 말에 다른 팀장들도 동의하며 회의에 들어갔다. 회의가 시작되자 모두 활기차게 의견을 개진했다. 사장의 짧지만 솔직한 사과로 모두가 스스럼없이 생각을 말할 수 있는 분위기가 형성되었다. 따라서 구조조정에 관한 논의에 이르러서는 한 치의 양보도 없는 치열한 토론이 전개되었다. 회의는 밤늦도록 계속되었다.

사장의 '1분 사과'

✳

    화요일 아침, 이사회 회의가 있기 전에 젊은이는 사장실을 다시 찾았다. 사장은 자리에서 일어나 젊은이에게 다가오더니 두 손을 꼭 잡았다.

    "자네한테는 좀 특별한 사과를 해야 할 것 같네. 다른 회사에서 좋은 조건을 내걸고 영입해 가려던 것을 몇 번씩이나 마다하며 내 곁에 있어준 것 나도 잘 아네. 여러 가지로 내가 자네를 너무 실망시킨 것 같아. 그래도 자네는 늘 내게 한결같았어. 정말 보기 드문 젊은이야. 오늘 무슨 일이 벌어지더라도 나는 자네가 회사를 위해 얼마나 애썼는지, 이것만큼은 모두에게 알릴 생각이야. 다시는 자네나 직원들을 실망시키지 않겠다고 약속하지. 이사회에서 시간을 얼마나 내줄지 모르지만 이 말만은 꼭 할 거야."

사장의 진지한 태도에 젊은이는 무슨 말을 해야 할지 몰랐다. 간신히 젊은이가 입을 열었다.

"고맙습니다. 사장님, 다 잘될 거예요."

사장은 고맙다는 듯 밝은 웃음을 지었다.

회의실로 향하는 두 사람의 발걸음은 힘에 넘쳤다.

의장이 개회를 선언하였다. 이제 사장의 차례가 되었다. 연설하기 위해 연단 쪽으로 걸어나가는 사장의 뒤통수에 이사들의 싸늘한 시선들이 쏟아졌다.

연단에 선 사장이 힘겹게 입을 열었다.

"지금쯤이면 회사가 얼마나 심각한 상황에 처했는지 다들 아실 것이라 생각합니다. 상황이 이렇게 악화된 데에는 저의 잘못된 판단이 많은 부분을 차지했음을 인정하고 전적으로 책임을 지도록 하겠습니다." 사장은 슬픈 감정을 억누르느라 잠시 말을 멈췄다가 계속했다.

"제가 한 일에 대해 많이 후회하고 있습니다. 특히 지난 금요일 여러분들은 제가 보인 태도에 적잖이 놀라고 화나셨을 것입니다. 저도 그 일을 부끄럽게 생각하고 그동안 많이 뉘우쳤습니다. 게다가 다른 직원들의 조언에 귀 기울였다면 지난

분기 때 얻은 막대한 손실도 피할 수 있었고 회사의 미래도 밝았을 텐데 제 자만심과 고집에 사로잡혀 듣지 않았습니다. 모두 제 불찰입니다."

회의실 안은 이사들의 웅성거리는 소리에 소란해졌다. 이사들은 그들의 예상과는 다르게 사장이 자신의 실수를 인정하고 공손히 사과하는 태도에 놀라움을 금치 못했다. 의장이 이사들에게 조용히 해 달라고 요청했다. 이어서 사장의 연설이 계속되었다.

"주주 여러분들과 직원분들께 제가 얼마나 큰 피해를 끼쳤는지 깊이 인식하고 있습니다. 죄송합니다. 저희 회사에는 변해야 할 것들이 정말 많습니다. 저부터 변해야 합니다. 여러분 자리 앞에는 추후 전반적인 구조조정 계획에 관한 보고서가 한 부씩 있습니다. 저는 이 계획으로 회사를 본래 상태로 회복시킬 자신이 있습니다. 계획의 세부 내용을 검토하기 전에 먼저 여러분께 드리고 싶은 말이 있습니다. 여러분께서 원하지 않는다면 사직서를 제출하도록 하겠습니다. 사실 조금 전에 이사회에 사직서를 제출해 놓은 상태입니다."

사장은 이렇게 말하고 이사들을 한번 쭉 둘러본 뒤 말을 이었다.

"하지만 여러분들이 제게 다시 한 번 회사를 이끌어갈 수 있는 기회를 주신다면 다시는 지난 몇 달 동안의 실수를 반복하지 않겠다고 이사회 및 임직원 여러분들께 약속합니다."

사장의 '1분 사과'가 끝나자, 이사들의 얼굴에 조금씩 안도감이 피어올랐다. 방금 전까지만 해도 냉랭했던 회의실 분위기가 조금씩 누그러지고 있었다.

"계속하시죠." 의장이 입을 열어 사장의 말을 재촉했다.

사장은 이사회 위원들에게 '구조조정 계획'이라는 보고서 표지 다음 페이지를 펼쳐 달라고 요청하고는 새로운 계획의 세부 내용과 구체적인 실행 방법에 대해 자세히 설명해 나갔다.

사장의 설명이 끝나자, 회의실 안은 긴 침묵이 흘렀다. 아무도 입을 열지 않았다. 발언권을 이어받은 의장은 이사들과 의논하기 위해 사장과 젊은이에게 자리를 비켜달라고 했다.

"결과가 어떻든 오늘 훌륭하셨습니다." 복도로 나온 젊은이가 사장을 돌아보며 말을 꺼냈다. 그때 젊은이는 얼핏 사장의 눈에 눈물이 맺히는 것을 보았다.

사장은 짐짓 태연한 척 말했다.

"나도 그렇게 생각하네. 이제 말은 다 했으니 행동으로 증명해 보일 기회가 생겼으면 좋겠어."

30분 뒤 젊은이와 사장은 다시 참석하라는 요청에 회의실 안으로 들어갔다.

의장이 말했다.

"모두를 대표하여 말씀드리겠습니다. 이 자리에 있는 모든 이사들은 사장의 연설에 깊은 감명을 받았습니다. 진심이 담긴 사과라 사장이 내세운 계획이 백 퍼센트 성취될 수 있다고 확신합니다. 따라서 회사의 운명을 사장께 계속 맡기기로 결정했습니다. 더 할 말 있으십니까?"

의장이 사장에게 물었다.

"네." 사장이 말했다.

그는 이사 한 사람 한 사람을 바라본 후 마침내 입을 열었다.

"회사 상황이 정상화될 때까지 월급은 받지 않도록 하겠습니다."

사장의 충격적인 발언에 이사들이 또다시 웅성거리기 시작했다.

"그뿐 아니라, 제 고용 계약서를 보면 각종 보너스와 퇴직금에 관한 조항이 있습니다. 오늘 이후로 보너스와 퇴직금도 포기하겠습니다. 저를 고용할 때 여러분은 저를 믿어주셨습니다. 그래서 각종 복리 혜택 및 사장으로서의 특권을 마련해주신 것이지요. 여러분이 한때 믿어줬고 지금 다시 믿어보려는 이 사람은 예전에는 여러분의 신뢰와 존경을 받을 만했지만 점점 잘못된 길로 빠져들었습니다. 이제 저는 다시 예전의 모습으로 돌아가고자 합니다. 하지만 제가 완전히 제 모습을 되찾을 때까지는 한 푼도 받지 않을 생각입니다. 여러분의 도움이 아닌 제 스스로 해내겠습니다. 여러분은 그저 제가 다시 본래의 모습으로 돌아왔는지 평가만 내려주십시오."

회의실 안이 다시 한 번 숙연해졌다. 그러더니 이사들이 모두 약속이나 한 듯 자리에서 일어나 힘찬 박수를 보냈다. 사장의 시선이 젊은이를 향하자, 모든 이의 이목도 젊은이 쪽으로 쏠리기 시작했다.

사장이 말했다.

"마지막으로 여러분 모두에게 이 훌륭한 젊은이를 소개해 드리고 싶습니다. 위기에 처한 저를 돕기 위해 최선을 다해준 사람입니다."

회의록을 받아 적던 젊은이가 깜짝 놀라 멈칫했다. 잠시 동안 알버트 아저씨 및 그의 가족들과 보낸 호숫가에서의 특별한 만남이 젊은이의 뇌리에 주마등처럼 지나갔다.

"감사합니다." 젊은이는 조용히 입을 열어 사장에게 답례했다.

바로 그 순간 젊은이의 머리를 환하게 밝혀주는 사실이 있었다.

호수를 떠나기 직전 알버트 아저씨가 마지막으로 자신에게 했던 말의 진정한 의미가 무엇인지 깨달은 것이다.

고맙다면
'1분 사과'를 실천하고
네가 배운 것을
다른 사람들에게 알려주어라.

제5장
내가 배운 '1분 사과'

젊은이의 다짐

✳

    그날 저녁 젊은이는 알버트 아저씨와 그의 가족에게 이메일을 보냈다. 호숫가에서 함께 시간을 보내며 많은 것을 배웠고 그로 인해 이사회 회의도 성공적으로 마칠 수 있었다는 내용이었다.

    "아저씨의 조언이 없었다면 저나 제 동료들 특히 사장님께 오늘 회의가 얼마나 끔찍했을지 생각하고 싶지도 않습니다. 제 나름대로 '1분 사과'를 정리해 보았습니다. 앞으로 이 내용을 보면서 인생의 새로운 지침을 세우고 호숫가에서 아저씨와 함께 보낸 시간을 떠올리겠습니다. 아저씨와 아저씨의 가족은 제 삶을 변화시켜준 은인들이십니다."

여기까지 쓴 뒤 젊은이는 수첩을 꺼내 요약한 내용을 곱씹으며 다짐했다.

'앞으로 두고두고 이것들을 기억하리라. 사과해야 한다고 느낄 때, 다른 사람에게 사과하는 방법을 알려주고 싶을 때 반드시 이 내용을 떠올릴 거야!'

나는 나 자신에게 아래의 질문을 하고
이에 성실히 대답한다.

1. 나는 무슨 실수를 저질렀는가?

2. 다른 사람을 무시하거나 그들의 의견, 느낌, 아이디어를
일축해 버린 적이 있는가?

3. 나로 인해 일이 잘된 것도 아닌데 내 공로인 척하지는 않았는가?

4. 왜 그랬는가?

5. 그 행동이 일시적인 충동이었나? 혹은 면밀히 계산된 것이었나?
아니면 너무 화가 나서, 혹은 무서워서, 좌절해서 나온
행동이었나? 동기가 무엇인가?

6. 얼마나 오랫동안 이런 상황을 내버려두었는가? 이번이 처음인가
아니면 계속 발생해 온 문제인가? 이런 행동이 내 일생에 어떤
유형으로 고착화된 것은 아닌가?

7. 내가 피하고자 하는 진실은 무엇인가?

8. 실수했지만 나는 여전히 괜찮은 사람인가?

다음으로 나는 아래의 계획을 실천한다.

나는 '1분 사과'를 잘못을 시인하는 것에서부터 시작한다.

1. 나는 내 자신에게 솔직해진다. 잘못은 먼저 스스로 시인하고
   이를 만회하고자 노력한다.

2. 나는 내 행동에 대해 완전히 책임을 진다. 결과에 상관없이
   피해를 입힌 상대방에게 무조건 사과해야 한다고 깨닫는다.

3. 나는 최대한 빨리 사과할 필요성을 인식하고 이를 실행에
   옮긴다.

4. 나는 피해를 입힌 상대방에게 내가 무엇을 잘못했는지
   구체적으로 밝힌다.

5. 나는 상대방의 잘못 때문에 내 기분이 어떤지 상대방에게
   솔직하게 털어놓는다.

나는 '1분 사과'를 성실한 행동으로 끝낸다.

1. 나는 내가 한 실수가 본래의 내 모습과 가치관에 맞지 않음을
   인정한다.

2. 잠깐 실수는 했지만, 원래의 나는 꽤 괜찮은 사람이라는
   사실을 인정하고 자신을 용서한다.

3. 나는 상대방에게 어떤 상처를 주었는지 인식하고 행동을 고쳐
   신뢰를 회복하며 다시는 이런 실수를 반복하지 않겠다는
   의지를 보여준다.

■ 한국블랜차드컨설팅(주)의 목적

한국블랜차드컨설팅(이하 'KBK')은 1998년 세계적인 교육기관인 미국 The Ken Blanchard Co.(이하 'KBC')와 라이센스 계약을 체결하고, KBC의 모든 교육 프로그램, 도서, 경영컨설팅 프로그램을 한국 내 독점 공급하는 전문 교육기관입니다.

KBK는 경영학, 심리학, 교육학 그리고 산업교육분야의 전문가들로 구성된 '전문교수단'과 함께 산업체의 경영컨설팅과 인재육성을 지원하여 한국기업이 세계 일류의 경쟁력을 갖출 수 있도록 조직 내 성과향상과 생산성 제고를 위하여 노력하고 있습니다.

■ 블랜차드 교육 프로그램의 특징

블랜차드 교육 프로그램은 그 조직의 특성을 사전에 진단하여 조직체질에 맞는 처방을 내리고, 교육과정에서 그 조직의 문제점에 대한 해결점을 찾는 맞춤식 교육과정이며, 철저한 사후관리를 통하여 현장에서 실천할 수 있는 종합 컨설팅과정프로그램입니다.

특히 조직의 복잡한 문제를 간결하고 쉽게 해결하는 방법과 고도로 성과를 높이는 방안을 제시하고 있는 것이 특징이며, 미국을 비롯하여 전세계 28개국의 지사를 통해 그 성과가 입증되고 있습니다.

■ 주요 교육 프로그램

경호! 열정적인 조직만들기(24hr), 칭찬리더십 Whale Done!(8hr), 열광적인 팬 만들기(24hr), 상황대응리더십(24hr), 상황대응 일선관리자리더십(24hr)*, 최강팀 리더십(24hr), 디지털리더십(24hr)*, 1분 경영 리더십(16hr)*, 리더십 강화제(6hr)*, 골프리더십(9hr) 등. (* 표시는 2004년도 신개발 프로그램임)

■ 교육 프로그램 문의 : 한국블랜차드컨설팅(주), www.blanchard.co.kr
전화 : 02-566-3888/E-mail : kbk@blanchard.co.kr

■ 유의사항 : 한국내에서 블랜차드의 교육 프로그램은 반드시 KBK를 통해서만 교육이 가능합니다. 그렇지 않은 것은 지적소유권의 침해이며, 관련법에 위배되어 불이익을 받을 수 있습니다.

경호! 열정적인 조직만들기 교육과정

■ 경호! 워크숍의 특징
· 조직원들에게 무한한 열정과 기(氣)를 심어주는 조직활성화 프로그램
· 'Work Hard!'에서 'Work Smart!'로 조직 풍토를 변화시키는 견인차적 역량 개발
· 국내 대기업, 중소기업, 금융기관, 관공서, 병원 등 산업체 및 단체에서 폭발적 인기
· 사전 진단결과에 의해 조직의 체질에 맞는 학습진행 및 사후관리 방안제시

■ 주요 교육내용
· **목적과 가치** : 개인과 조직의 목적과 가치를 한 방향으로 정렬
· **다람쥐 정신** : 가치 있는 일, Smart 목표 수립 및 성과-가치 매트릭스 검증
· **비버 방식** : 최고의 성과를 실현하기 위한 리더십/팀원간의 신뢰구축 및 시스템 분석
· **기러기 선물** : 칭찬, 격려, 감사하는 요령, $E=MC^2$의 비결

■ 소요시간 및 교육 방법 : 3일(24hr)과정이며, 비디오, 게임, 토의 및 발표 등
　　　　　　　　　　　　　　참여식 교육

칭찬리더십 Whale Done! 교육과정

"도서"의 감동을 직장과 가정에서 실천할 수 있는 비법 공개!!

■ 프로그램의 성과
· 조직원의 의욕을 고취시키고, 신뢰를 형성하는 칭찬리더십!
· 조직 전체에 창의와 혁신의 분위기 확산으로 고객을 열광케 하는 고객리더십!
· 자녀에게 용기와 희망을, 부부간에 긍정적인 관계와 신뢰를 심어주는 사랑리더십!

■ 주요 교육 내용
· 칭찬의 힘과 장점 발견하기
· "칭찬은 고래도 춤추게 한다" 비디오 상영
· 실수했을 때 지혜롭게 행동 수정하는 전환기법
· 칭찬을 효과적으로 실천하는 Whale Done! 칭찬기법
· 칭찬문화 토착화를 위한 조직풍토 변화 실천계획 수립

■ 소요시간 및 교육 방법 : 1일(8hr) 과정으로 비디오, 토의 및 발표 등 참여
　　　　　　　　　　　　　　식 교육

상황대응 리더십 SL II 교육과정

지금까지의 상사중심의 리더십에서 팀원중심의 리더십으로 대전환!
눈높이 리더십의 노하우!

■ 프로그램의 특징
· 자신의 리더십 유형을 과학적으로 진단하여 팀원 전원에게 효과적인 리더십 적용
· 팀원의 역량과 의욕, 행동을 과학적으로 진단할 수 있는 능력 배양
· 팀원의 발달수준에 맞는 눈높이 리더십 적용기법 터득

■ 주요 교육 내용
· **리더십의 철학과 비전 정립** : 팀원의 비전과 가치 확립
· **팀원의 발달 수준 진단** : 팀원의 발달 수준별 리더십 상황변수 분석
· **눈높이 리더십의 유형 분석 및 적용 기법** : 효과적인 팀원 지도 육성 방법

■ 소요시간 및 교육방법 :
· **교육대상** : 기업 및 단체의 임원, 핵심간부, 팀장
· 3일(24hr) 과정으로 비디오, 토의 및 발표, 역할연기 등 참여식 교육

상황대응 세일즈 리더십 Sales SL II 교육과정

세일즈 부문의 리더를 위한 눈높이 리더십 노하우!

■ 프로그램의 특징
· **세일즈 리더십 패러다임의 대전환** : 눈높이 리더십
· 세일즈 팀의 발달수준 및 행동특성을 과학적으로 진단
· 영업조직의 판매목표 달성을 위한 파트너십 운영능력 확보

■ 주요 교육 내용
· **리더십의 역량 및 기능의 이해**
  - 팀원에 대한 비전과 가치, 상황대응 리더의 역할 확립
· **영업팀의 발달수준 진단 및 리더십 상황변수 분석**
  - 팀원의 발달수준별 행동특성 분석
· **눈높이 리더십의 분석 및 상황별 리더십 스타일 적용**

■ 소요시간 및 교육방법 :
· **교육대상** : 영업부문 임원, 간부, 영업소 지점장, 판매팀장
· 3일(24hr) 과정으로 비디오, 토의 및 발표, 역할연기 등 참여식 교육

열광하는 고객 만들기 Raving Fans 교육과정

고객을 열광케 하는 Plus One Service 비법을 체득시켜라!

■ Raving Fans의 특징
- · 영업관리자의 서비스 비전과 고객의 가치를 연결해주는 고도의 서비스전략
- · 고객중심의 접점 서비스 혁신과 접점별 효과적인 고객응대 기법
- · 고객 유형별 행동특성에 따른 전략적인 세일즈 기법

■ 주요 교육 내용
- · **제1비법** : 당신이 원하는 것을 결정하라.
- – 기업의 독특한 서비스 문화 창조
- · **제2비법** : 고객이 원하는 것을 발견하라.
- – 고객 유형별 전략적인 응대기법
- · **제3비법** : 고객이 원하는 것에 Plus One 서비스를 더하라.
- – Plus One과 고객 접점관리 전략

■ 소요시간 및 교육방법 :
- · **교육대상** : 영업부문 임직원, 세일즈맨, CS관련 부서 임직원
- · 3일(24hr) 과정으로 비디오, 토의 및 발표, 실습, 진단 등 참여식 교육

최강팀 리더십 BHPT 교육과정

최고의 성과를 실현하는 마법의 팀워크 실현 노하우!

■ 프로그램의 특징
- · 팀의 발달단계를 사전에 진단, 분석하여 팀의 체질에 맞는 맞춤식 교육프로그램 운영
- · PERFORM 모델에 의한 최강의 팀 핵심역량 개발
- · 각 영량별 진단척도에 의하여 진단 처방 및 사후관리 노하우 체득

■ 주요 교육내용
- · P (Purpose & Value) : 팀 비전, 가치, 목적 등 확립
- · E (Empowerment) : 팀 역량을 최대로 발휘하기 위한 임파워먼트 전략 수립
- · R (Relationship & Communication) 인간관계의 갈등 해소 및 원활한 의사소통
- · F (Flexibility) : 팀 상황대응 리더십
- · O (Optimal Productivity) : 창의적인 의사결정
- · M (Morale) : 팀웍과 지속적인 개선

■ 소요시간 및 교육방법 :
- · **교육대상** : 임원, 부서장, 팀장
- · 3일(24hr) 과정으로 비디오, 토의 및 발표 등 참여식 교육

KI 신서 628

진실한 사과는 우리를 춤추게 한다

지은이 | 켄 블랜차드 외
옮긴이 | 조천제

1판 1쇄 인쇄 | 2004. 11. 29.
1판 5쇄 발행 | 2005. 1. 17.

펴낸곳 | (주)북21
펴낸이 | 김영곤
책임편집 | 권정희 · 김기정
영업 마케팅 | 정성진 · 안경찬 · 이종률 · 김진갑 · 이희영 · 박진모 · 유정희 ·
　　　　　　이연정 · 박창숙
관리 | 이인규 · 김용진 · 이도형 · 고선미
제작 | 강근원 · 이영민

등록번호 | 제10-1965호
등록일자 | 2000. 5. 6.

경기도 파주시 교하읍 문발리 파주출판문화정보산업단지 500-11 2, 3층

(413-756)
전화 | (031)955-2100(대표)
팩시밀리 | (031)955-2151
이메일 book21@book21.co.kr
홈페이지 www.book21.co.kr

값 10,000원
ISBN 89-509-0694-5 13320